Widerrufsbelehrung

Die umseitige Bestellung wird erst wirksam, wenn der Interessent sie nicht binnen einer Frist von einer Woche schriftlich widerruft. Die Frist beginnt nach Absendung der Bestellung. Zur Fristwahrung genügt die rechtzeitige Absendung des Widerrufs an die H. Merker Verlag GmbH, Postfach 1453, D-82244 Fürstenfeldbruck.

Unterschrift _____

Hiermit erteile ich Einzugsermächtigung:
☐ nur für diese Bestellung
☐ für diese und alle künftigen Bestellungen

Konto-Nr. ☐☐☐☐☐☐☐☐☐☐
bei _____
in _____
BLZ ☐☐☐☐☐☐☐☐

Datum _____ Unterschrift _____

ANTWORT

Bitte im Kuvert einsenden an:

Eisenbahn JOURNAL

**H. Merker Verlag GmbH
Postfach 1453
D-82244 Fürstenfeldbruck**

D1746350

Widerrufsbelehrung

Die umseitige Bestellung wird erst wirksam, wenn der Interessent sie nicht binnen einer Frist von einer Woche schriftlich widerruft. Die Frist beginnt nach Absendung der Bestellung. Zur Fristwahrung genügt die rechtzeitige Absendung des Widerrufs an die H. Merker Verlag GmbH, Postfach 1453, D-82244 Fürstenfeldbruck.

Unterschrift _____

Hiermit erteile ich Einzugsermächtigung:
☐ nur für diese Bestellung
☐ für diese und alle künftigen Bestellungen

Konto-Nr. ☐☐☐☐☐☐☐☐☐☐
bei _____
in _____
BLZ ☐☐☐☐☐☐☐☐

ANTWORT

Bitte im Kuvert einsenden an:

Eisenbahn JOURNAL

**H. Merker Verlag GmbH
Postfach 1453
D-82244 Fürstenfeldbruck**

Widerrufsbelehrung

Die umseitige Bestellung wird erst wirksam, wenn der Interessent sie nicht binnen einer Frist von einer Woche schriftlich widerruft. Die Frist beginnt nach Absendung der Bestellung. Zur Fristwahrung genügt die rechtzeitige Absendung des Widerrufs an die H. Merker Verlag GmbH, Postfach 1453, D-82244 Fürstenfeldbruck.

Unterschrift _____

Hiermit erteile ich Einzugsermächtigung:
☐ nur für diese Bestellung
☐ für diese und alle künftigen Bestellungen

Konto-Nr. ☐☐☐☐☐☐☐☐☐☐
bei _____
in _____
BLZ ☐☐☐☐☐☐☐☐

Datum _____ Unterschrift _____

ANTWORT

Bitte im Kuvert einsenden an:

Eisenbahn JOURNAL

**H. Merker Verlag GmbH
Postfach 1453
D-82244 Fürstenfeldbruck**

Widerrufsbelehrung

Die umseitige Bestellung wird erst wirksam, wenn der Interessent sie nicht binnen einer Frist von einer Woche schriftlich widerruft. Die Frist beginnt nach Absendung der Bestellung. Zur Fristwahrung genügt die rechtzeitige Absendung des Widerrufs an die H. Merker Verlag GmbH, Postfach 1453, D-82244 Fürstenfeldbruck.

Unterschrift _____

Hiermit erteile ich Einzugsermächtigung:
☐ nur für diese Bestellung
☐ für diese und alle künftigen Bestellungen

Konto-Nr. ☐☐☐☐☐☐☐☐☐☐
bei _____
in _____
BLZ ☐☐☐☐☐☐☐☐

ANTWORT

Bitte im Kuvert einsenden an:

Eisenbahn JOURNAL

**H. Merker Verlag GmbH
Postfach 1453
D-82244 Fürstenfeldbruck**

Bestellkarte Sonderausgaben

NEU

☐ 53003	Die Baureihen 55 und 56	(I/94)	DM 19,80
☐ 53004	Die Semmeringbahn	(II/94)	DM 19,80
☐ 53101	Die Baureihe 03	(III/94)	DM 19,80
☐ 54500	Doppelpack SJ I/91 + Spec. 8/95 (BR 41)	(IV/94)	DM 29,80
☐ 53102	Eisenbahnen im Moseltal I	(I/95)	DM 19,80
☐ 53103	Die Baureihe E 44	(II/95)	DM 19,80
☐ 53104	Eisenbahnen im Allgäu I	(III/95)	DM 19,80
☐ 53201	Eisenbahnen im Westerwald	(IV/95)	DM 19,80
☐ 53202	Die Baureihe 01¹⁰	(I/96)	DM 19,80
☐ 53203	Die rechte Rheinstrecke	(II/96)	DM 19,80
☐ 53204	Die E 18 und E 19	(III/96)	DM 19,80
☐ 53301	Mit der Bahn durch Thüringen I	(IV/96)	DM 22,80
☐ 53302	Die BR 98⁸⁻¹¹ – GtL 4/4 u. GtL 4/5	(I/97)	DM 22,80
☐ 53303	Die linke Rheinstrecke	(II/97)	DM 22,80
☐ 53304	Die Baureihen E 04 und E 17	(III/97)	DM 14,90
☐ 53401	Schnellverkehr in Deutschland	(I/94)	DM 19,80
☐ 53402	Die Baureihe 86	(II/94)	DM 19,80
☐ 53403	Eisenbahnen in Stuttgart	(III/94)	DM 19,80
☐ 53404	Die Baureihe 03¹⁰	(IV/94)	DM 19,80
☐ 53501	Eisenbahnen im südl. Schwarzwald	(I/95)	DM 19,80
☐ 53502	Die Baureihen 82 und 83¹⁰	(II/95)	DM 19,80
☐ 53503	150 Jahre Eisenb. in Württemberg	(III/95)	DM 19,80
☐ 53504	Die P 8 – Baureihe 38¹⁰⁻⁴⁰	(IV/95)	DM 19,80
☐ 53601	25 Jahre IC-Verkehr	(I/96)	DM 19,80
☐ 53602	Die Baureihe 52	(II/96)	DM 19,80
☐ 53604	150 J. Eisenbahnen i.d. Schweiz	(IV/96)	DM 22,80
☐ 53701	Die Baureihe 50	(I/97)	DM 22,80
☐ 53702	DB-Dampf pur (Teil 1)	(II/97)	DM 22,80
☐ 53703	Die Baureihe 78 *ca. 10. August 1997*	(III/97)	DM 22,80
☐ 57401	Schuber für die Allgäu-Trilogie		

Special 3/1997

Meine Kunden-Nummer _____

Name _____ Vorname _____

Straße _____ PLZ, Ort _____

Unterschrift _____ Datum _____

Ab einem Wert von DM 50,00 für die bei Bestellung gelieferten Publikationen erfolgt der Versand im Inland portofrei. Für Sammelmappen und Schuber gilt: jeweils zuzüglich anteilige Porto- und Verpackungskosten. Achtung: laut neuesten Postbestimmungen erhöhtes Auslandsporto von DM 12,00 pro Päckchen bzw. Paket. Nach Bestellung bitte Rechnung abwarten!

Bestellkarte Specials

NEU

☐ 54102	Eisenbahnen zum Matterhorn	(Sp. 2/91)	DM 8,50
☐ 54206	Die Schweizerische Südostbahn	(Sp. 6/92)	DM 16,80
☐ 54209	Die Furka-Oberalp-Bahn I	(Sp. 9/92)	DM 19,80
☐ 54302	Eisenbahnen im Allgäu II	(Sp. 2/93)	DM 24,80
☐ 54303	125 Jahre Brennerbahn	(Sp. 3/93)	DM 25,80
☐ 54304	Doppelpack Lokvision Gotthardb. + Krokodile	(Sp. 4/93)	DM 22,80
☐ 54305	Die Baureihe V 200	(Sp. 5/93)	DM 19,80
☐ 54306	Montreux-Berner Oberland-Bahn	(Sp. 6/93)	DM 16,80
☐ 54308	IV K-Einsatz auf sä. Schmalspur	(Sp. 8/93)	DM 23,80
☐ 54309	Volldampf von der Erzbergbahn	(Sp. 9/93)	DM 24,80
☐ 54310	Main-Spessart-Bahn	(Sp. 10/93)	DM 24,80
☐ 54401	Eisenbahnen im Allgäu III	(Sp. 1/94)	DM 24,80
☐ 54402	Die Baureihe 44	(Sp. 2/94)	DM 24,80
☐ 54403	Mit der Bahn durch Thüringen II	(Sp. 3/94)	DM 23,80
☐ 54405	Der Glacier-Express	(Sp. 5/94)	DM 19,80
☐ 54407	Die V 160-Familie	(Sp. 7/94)	DM 22,80
☐ 54408	Die Spreewaldbahn	(Sp. 8/94)	DM 17,80
☐ 54409	Hannover – Bahnkreuz i. Norden	(Sp. 9/94)	DM 24,80
☐ 54410	Eisenbahn in Köln II	(Sp. 10/94)	DM 24,80
☐ 54501	Die Arlbergbahn	(Sp. 1/95)	DM 24,80
☐ 54502	Die Gotthardbahn	(Sp. 2/95)	DM 24,80
☐ 54503	Die E 03	(Sp. 3/95)	DM 24,80
☐ 54504	Die Frankenwaldbahn	(Sp. 4/95)	DM 24,80
☐ 54505	Volldampf auf Rügen	(Sp. 6/95)	DM 24,80
☐ 54506	Die Rhätische Bahn 1	(Sp. 7/95)	DM 24,80
☐ 54507	Die V 100 DB und DR	(Sp. 8/95)	DM 19,80
☐ 54508	Die Baureihe 41 *(Nachdruck)*	(Sp. 9/95)	DM 29,80
☐ 54500	Doppelpack Special 8/95 + SJ I/91 (BR 03)	(Sp. 1/96)	DM 19,80
☐ 54601	Die Brünigbahn	(Sp. 2/96)	DM 19,80
☐ 54602	Eisenbahnen im Bayer. Wald	(Sp. 3/96)	DM 19,80
☐ 54603	Die Baureihe 39	(Sp. 4/96)	DM 24,80
☐ 54604	Die Rhätische Bahn 2	(Sp. 5/96)	DM 19,80
☐ 54605	Die Schwarzwaldbahn	(Sp. 6/96)	DM 22,80
☐ 54606	Eisenbahnen zwischen Rhein und Ruhr *(überarbeiteter Nachdruck)*	(Sp. 1/97)	DM 22,80
☐ 54701	Die Baureihe 01 *(überarb. Nachdruck)*	(Sp. 2/97)	DM 22,80
☐ 54702	Eisenbahnen i.d. Bayer. Alpen (1)	(Sp. 3/97)	DM 22,80
☐ 54703	Rigi- und Pilatus-Bahnen		

Meine Kunden-Nummer _____

Name _____ Vorname _____

Straße _____ PLZ, Ort _____

Unterschrift _____ Datum _____

Ab einem Wert von DM 50,00 für die bei Bestellung gelieferten Publikationen Versand im Inland portofrei. Nach Bestellung bitte Rechnung abwarten!

Bestellkarte Abonnements 1997

☐ 1 Abonnement 1997 der 13 Journale	(Inland portofrei, Ausland + DM 40,– Portoanteil)	DM 165,—
☐ 1 Abonnement 1997 der 9 Eisenbahn-Journale	(Inland portofrei, Ausland + DM 30,– Portoanteil)	DM 107,—
☐ 1 Abonnement 1997 der 4 Modellbahn-Journale		DM 58,—
☐ 1 Abonnement 1997 der 4 Sonderausgaben	(Inland portofrei, Ausland + DM 14,– Portoanteil)	DM 91,—

Geschenk-Abonnement für 1997:

☐ 13 Journale   ☐ 9 Eisenbahn-Journale   ☐ 4 Modellbahn-Journale   ☐ 4 Sonderausgaben   **Preise wie oben**

Scheck und Lieferadresse liegen bei. Bitte übersenden Sie mir einen Geschenk-Gutschein.

Das Abonnement (13 Journale/9 Eisenbahn-Journale/4 Modellbahn-Journale/4 Sonderausgaben) soll beginnen am _____ 1997; es läuft bis 31. Dezember 1997. Die Abonnement-Jahrespreise reduzieren sich anteilsmäßig um die Ausgaben, die 1997 vor Abo-Beginn bereits erschienen sind. Das Abonnement verlängert sich automatisch um ein Kalenderjahr, wenn es nicht mit einer Frist von drei Monaten zum Jahresende *schriftlich* gekündigt wird.

Abonnement der sonstigen im Laufe des Jahres 1997 erscheinenden Publikationen aus den Reihen:

☐ Modellbahn-Bibliothek   ☐ Bayern-Report   ☐ Dampflok-Report
☐ Specials   ☐ Württemberg-Report   ☐ Triebwagen-Report

Ich bekomme die 1997 erscheinenden sonstigen Publikationen jeweils sofort nach Vorliegen mit Rechnung (zuzüglich Porto) zugeschickt. Abonnement-Widerruf dieser Ausgaben ist jederzeit möglich. Zusätzlich gewünschte Bände dieser Reihen, die bereits erschienen sind (siehe Bestellkarten im Eisenbahn-Journal), bitte extra aufführen!

Special 3/1997

Meine Kunden-Nummer _____

Name _____ Vorname _____

Straße _____ PLZ, Ort _____

Unterschrift _____ Datum _____

Bestellkarte Eisenbahn-Journal-Videos (Auswahl)

DB-Dampf pur

☐ 59626 EJ	Die Baureihe 03	(ca. 45 min)	DM 69,–
☐ 59501 EJ	Die Baureihe 39 (s/w-Film)	(ca. 35 min)	DM 49,–
☐ 59421 EJ	Von Mosel und die Saar	(ca. 50 min)	DM 69,–
☐ 59303 EJ	Von Rheine nach Emden	(ca. 57 min)	DM 69,–
☐ 59330 EJ	Wie zu Erhards Zeiten	(ca. 70 min)	DM 69,–
☐ 59306 EJ	Dampf hint. d. Eisernen Vorhang 2	(ca. 47 min)	DM 69,–

Schmalspur

☐ 59615 EJ	Federsee-Expreß	(ca. 50 min)	DM 49,–
☐ 59514 DESTI	Jagsttalbahn	(ca. 57 min)	DM 49,–
☐ 59325 EJ/Sud.	IV K-Dampf pur	(ca. 55 min)	DM 49,–
☐ 59611 Suder	Döllnitzbahn	(ca. 40 min)	DM 39,–
☐ 59613 Suder	Mecklenb.-Pomm. Schmalspurbahn	(ca. 45 min)	DM 49,–
☐ 59515 Suder	Volldampf auf Rügen	(ca. 55 min)	DM 59,–
☐ 59707 DESTI	Schmalspurbahnen in Deutschl. (1)	(ca. 55 min)	DM 59,–
☐ 59708 DESTI	Schmalspurbahnen in Deutschl. (2)	(ca. 55 min)	DM 59,–
☐ 59709 DESTI	Doppelpack Schmalspurb. Deutschl. 1 + 2		DM 99,–

Baureihenporträts

☐ 59331 DESTI	Die traditionsreiche Baureihe 38	(ca. 57 min)	DM 69,–
☐ 59343 DESTI	BR 44 im schweren Güterzugverkehr	(ca. 55 min)	DM 59,–
☐ 59512 DESTI	Die Kriegs-Dampflok der BR 52	(ca. 57 min)	DM 59,–
☐ 59622 DESTI	Die Baureihe V 200	(ca. 35 min)	DM 49,–
☐ 59625 DESTI	E-Lok 103 – IC-Königin	(ca. 55 min)	DM 59,–
☐ 59706 DESTI	Die E 04/E 18/E 44	(ca. 57 min)	DM 69,–

Eisenbahnen in der Schweiz

☐ 59702 EJ/Sud.	150 Jahre EB in der Schweiz 1	(ca. 58 min)	DM 69,–
☐ 59703 EJ/Sud.	150 Jahre EB in der Schweiz 2	(ca. 58 min)	DM 69,–
☐ 59710 EJ/Sud.	Doppelpack Schweiz 1 + Schweiz 2		DM 99,–
☐ 59711 EJ/Sud.	Schweizer Alpendampf*	(ca. 45 min)	DM 59,–
☐ 59705 DESTI	Volldampf im Emmental	(ca. 57 min)	DM 49,–
☐ 59612 DESTI	Die Rigi-Bahnen	(ca. 50 min)	DM 59,–
☐ 59609 EJ/Sud.	Die Brünigbahn	(ca. 57 min)	DM 69,–
☐ 59341 Suder	Wilhelm-Tell-Express (Gotthard)	(ca. 57 min)	DM 69,–
☐ 59416 DESTI	Die weltberühmte Gotthardbahn	(ca. 85 min)	DM 69,–
☐ 59417 DESTI	Lokovision Gotthardbahn	(ca. 58 min)	DM 49,–
☐ 59342 DESTI	Die letzten Krokodile der SBB	(ca. 57 min)	DM 99,–
☐ 59604 DESTI	Re 460 – Starlok der Schweiz	(ca. 55 min)	DM 69,–
☐ 59605 DESTI	Bern – Interlaken mit Re 465	(ca. 55 min)	DM 59,–
☐ 59606 DESTI	Doppelpack Re 460/Re 465		DM 89,–
☐ 59508 DESTI	Großartiger Glacier-Express	(ca. 57 min)	DM 59,–
☐ 59509 DESTI	Die Albula-Bahn	(ca. 50 min)	DM 59,–
☐ 59598 DESTI	Die Bernina-Bahn	(ca. 43 min)	DM 49,–
☐ 59507 DESTI	Dampflokomotiven der RhB	(ca. 55 min)	DM 49,–
☐ 59326 DFB	Mit der Eisenbahn auf die Gletscher	(ca. 55 min)	DM 59,–
☐ 59324 DFB	Eigentlich nur Schrott (DFB-Loks)	(ca. 35 min)	DM 49,–
☐ 59319 S.R.	V.S. Orient Express 95	(ca. 55 min)	DM 59,–

in Vorbereitung

Special 3/1997

Meine Kunden-Nummer _____

Name _____ Vorname _____

Straße _____ PLZ, Ort _____

Goldene Rundfahrt

Am Pilatus läuft es rund !
Verschiedene, öffentliche Verkehrsmittel mit bequemen Umsteigeverhältnissen ermöglichen es, den Pilatus ab Luzern bei einer unvergesslichen Rundfahrt zu erleben.

Luzern–Alpnachstad
Romantische Schiffsfahrt entlang den Ufern des Vierwaldstättersees, vielleicht sogar im Salon-Dampfschiff (Fahrzeit 90 Min.). Eiligere Gäste können sich auch der bequemen Brünig-Meterspurbahn (SBB) anvertrauen, welche die gleiche Strecke in rund 20 Minuten schafft.

Alpnachstad – Pilatus Kulm
Mit der steilsten Zahnradbahn der Welt sind die Pilatus-Aussichtsgipfel innerhalb von 30 Minuten zu erreichen.

Pilatus Kulm – Fräkmüntegg
In der Grosskabinenbahn gleiten Sie über die schroffen Abhänge des Pilatus. Während der 5-minütigen Fahrzeit dürfen Sie die Landschaft um den Vierwaldstättersee aus der Vogelschau bewundern.

Fräkmüntegg – Krienseregg – Kriens
Nun schweben Sie gemächlich in den neuen, attraktiven Rundsichtgondeln während rund 30 Minuten der Stadt Luzern entgegen.

Kriens – Luzern
Im Luzerner Vorort Kriens erreichen Sie in 10 Minuten auf einem gut markierten Fussweg die Haltestelle des städtischen Trolleybusses Nr. 1. Er fährt in 15 Minuten ins Stadtzentrum und zum Bahnhof Luzern.

Rundfahrt-Billette
Für die Fahrten in den verschiedenen Verkehrsmitteln sind günstige Rundfahrtbillette erhältlich.

Übernachtungen in den Pilatus-Hotels
Hotel Bellevue mit 27 komfortablen Doppelzimmern, alle mit TV, Telefon und WC
Hotel Pilatus Kulm mit 20 Doppelzimmern, alle mit fliessend Wasser. Duschen und WC auf gleichem Stockwerk.

Kontaktadresse
Pilatus-Bahnen , Schlossweg 1,
CH-6011 Kriens / Luzern
Telefon (++41) 41 329 11 11
Telefax (++41) 41 329 11 12
E-Mail pilatus@pilatus.com
Internet: http://www.pilatus.com

WELTWEIT GRÖSSTE RADDAMPFER-FLOTTE AUF EINEM BINNENSEE.

- 5 nostalgische Raddampfer
- 15 elegante und komfortable Salon-Motorschiffe

Ganzjähriger Betrieb !
(Kursbuchfelder 3600-3604)

- Abfahrten in Luzern jede Stunde nach Flüelen und Alpnachstad (Saison)
- Attraktive Rundfahrten zwischen 1 bis 6 Stunden
- Extrafahrten ab ca. 30 Personen

Spezialitäten
- Frühstücks-Schiff
- Tägliches Mittagsschiff
- Fondueschiff/LA GONDOLA
- Abendrundfahrten/Night Boat
- Bankette und Buffets
- Wilhelm Tell Express

Ideale Anschlüsse an alle Bergbahnen am See

Schiffahrt Vierwaldstättersee
6002 Luzern
Info-Automat 041-367 66 66
Telefon 041-367 67 67
Telefax 041-367 68 68

VIER WALDSTÄTTERSEE

DIE FLOTTE MIT STIL.

Tips zur Reisevorbereitung

Der Voralpen-Express
Für die Anreise von Deutschland an den Vierwaldstättersee benützen Sie mit Vorteil den "Voralpen-Express", der zwischen Romanshorn / St.Gallen und Arth-Goldau / Luzern verkehrt. Auch via Schaffhausen und Basel sind die Zentralschweiz und ihre Aussichtsberge Rigi und Pilatus auf der Schiene sehr gut erreichbar.

Die Vierwaldstättersee-Schiffahrt
Im Sommer können die Pilatus- und Rigi-Bahnfahrten mit der einzigartigen Dampfschiff-Romantik auf dem Vierwaldstättersee kombiniert werden. Die beliebten Salon-Raddampfer verkehren jeweils von 1. Mai bis Ende Oktober zwischen den meisten Uferstationen.
Zum Bahnjubiläum werden vom 22. August bis 25. Oktober 1997 täglich historische Dampfzüge zwischen dem Verkehrshaus in Luzern und Küssnacht a/Rigi verkehren. Als nostalgische Zugabe finden Dampfer-Kreuzfahrten auf der gleichen Strecke statt, was ideale Kombinationen ermöglicht.

Zentralschweiz-Tourismus
Wer sich über die günstigsten Ferienangebote am Vierwaldstättersee informieren möchte, wende sich direkt an die Niederlassungen von Schweiz-Tourismus in Frankfurt/Main, Berlin, Düsseldorf, Hamburg oder Wien. Verlangen Sie den aktuellen Ferienkatalog der Zentralschweiz, der zahlreiche günstige Übernachtungs- und Ausflugsangebote enthält. Zum Bahnjubiläum 1997 wurden zusätzliche Pauschalreisen für Eisenbahnfreunde im Spezialkatalog "Bahn und Hotel" veröffentlicht.

Der Tell-Pass
Wir möchten die Gäste auch auf die Vorzüge des Regionalen Ferienabonnementes (den Tell-Pass) aufmerksam machen. Er ist der ideale Fahrausweis für Ausflüge mit Bahn, Schiff, Autobus und Bergbahnen in der Zentralschweiz. Diese Pauschalfahrkarte ist in 1. und 2.Klasse bzw. mit 7 und 15 Tagen Gültigkeit erhältlich. Sie kann vor Ort an den Schaltern der wichtigsten Transportunternehmungen gekauft werden.

Kontaktadressen
Rigi-Bahnen , CH-6354 Vitznau
Telefon (++41) 41 399 87 87
Telefax (++41) 41 399 87 00
E-Mail: rigi@rigi.ch
Internet: http://www.rigi.ch

Schiffahrtsgesellschaft Vierwaldstättersee
Adresse siehe Anzeige auf nächster Seite.

Gratis-Dokumentation
Gemeinsam mit den Rigi- und Pilatus-Bahnen sowie mit der Schiffahrtsgesellschaft Vierwaldstättersee hat das Eisenbahn-Journal eine ausführliche Dokumentation zu allen erwähnten Reiseangeboten zusammengetragen. Sie erhalten diese Unterlagen unverbindlich gegen Einsendung von zwei internationalen Post-Antwortscheinen beim Mitautor dieser Broschüre:
Marketing und Reisen • Beat Moser Weriweg 29 • CH-3902 Brig-Glis

Das ideale Geschenk zum Jubiläum 150 Jahre Schweizer Bahnen

Lok 7 Taschenuhr
Swiss Made, mechanisches Uhrwerk mit Handaufzug, 2 Jahre Garantie, Neusilbergehäuse
Fr. 298.-

Swiss Made, Automatik-Uhrwerk, Saphirglas, 100 Meter wasserdicht, 2 Jahre Garantie, durchsichtiger Gehäuseboden, 4 Modelle, Edelstahl oder Bicolorgehäuse, mit Lederband ab **Fr. 378.-**

Nostalgie & Zeitgeist in Harmonie
Als Erinnerung an die unvergesslichen Einsätze der ältesten, noch betriebsfähigen Stehkessel-Dampflok der Welt hat die Uhrenfirma Folkwatch gemeinsam mit den Rigi-Bahnen eine Uhrenkollektion geschaffen.
Eine Hommage der Schweizer Uhrenindustrie an die Technik des letzten Jahrhunderts zum 150-Jahr-Jubiläum der Schweizer Bahnen.
Verlangen Sie das Folkwatch Händlerverzeichnis.
Folkwatch AG, 4502 Solothurn.
Tel. 032 / 623 53 52. Fax 032 / 623 53 71.

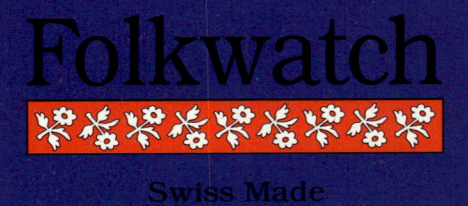

Swiss Made

Rigi-Bahnaktivitäten 1997

Letzte Einsätze der Stehkessel-Lok
Die Lok H 1/2 Nr. 7 ist zu ihrer vorläufig letzten Sommersaison gestartet. Sie fährt noch bis 28. September 1997 täglich zwischen Goldau und Rigi Kulm.

Goldau ab 09.11 h | Kulm ab 14.40 h
Kulm an 11.00 h | Goldau an 16.45 h
Wegen Schwingfest am 12. / 13. und 19. / 20. Juli 1997 nur Reservation auf Anfrage.
Zum tarifgemässen Fahrschein wird ein Dampfzuschlag erhoben. Das Platzangebot ist beschränkt, die rechtzeitige Reservierung wird dringend empfohlen.
Zusätzlich unternimmt die historische Lok mit ihrem Vorstellwagen B2 mit Baujahr 1871 mindestens vier Pendelfahrten zwischen Rigi Staffel und Kulm. Auch diese sehenswerten Einsätze können täglich bis 28. September 1997 bewundert werden.

Jeden 1. und 3. Samstag
Bis Ende September 1997 verkehren die Dampfloks H 2/3 Nr. 16 oder 17 zwischen Vitznau und Rigi Kulm an jedem 1. und 3. Samstag. Zwischen Staffel und Kulm kommt es jeweils zu einer Parallelfahrt mit der von Goldau hochgestiegenen Stehkessel-Lok Nr. 7, was besonders Fotografen und Hobbyfilmer interessieren wird.
Die Platzreservierung ist empfehlenswert. Es wird zusätzlich zum tarifgemässen Fahrschein ein Dampfzuschlag erhoben.

Vitznau ab: 10.36 h , Kulm an: 12.00 h

Die August-Aktivitäten 1997
Zum Jubiläum "150 Jahre Schweizer Eisenbahnen" am 23. August findet in Goldau ein Bahnhoffest mit Dixie-Night und Abendfahrten der Lok 7 statt. Letzte Fahrzeugparade der Rigi-Bahnen mit allen drei Dampfloks am 30. August zwischen Staffel und Kulm. Bitte das Detailprogramm verlangen!

Aktivitäten 1998 und 1999
Die beliebten Rigi-Bahnaktivitäten (Dampf-Sonderfahrten und Fahrzeugparaden) werden auch in Zukunft organisiert. Aktuelle Unterlagen sind bei den Rigi-Bahnen erhältlich.

Zwischen Himmel und Erde
Mit Hähnchenfahrten zwischen Himmel und Erde überrascht die Luftseilbahn Weggis-Rigi Kaltbad ihre Gäste bis 19. September 1997 jeweils jeden Freitagabend. Während die Panoramakabine nach Rigi Kaltbad hochschwebt, werden den "Gourmet-Reisenden" verschiedene Hähnchen-Spezialitäten serviert.

Ferien auf der Rigi
Die Rigi-Hotels präsentieren zum Jubiläum "150 Jahre Schweizer Eisenbahnen" attraktive Pauschalangebote für Bahnfreunde. Zum Sonderpreis von sFr. 150.— bieten sie eine Übernachtung mit Halbpension, die Rigi-Bahnfahrt ab/nach Goldau oder Vitznau, eine kurze Erlebnisfahrt mit Lok 7, ein Souvenir und ein Konsumationsgutschein im Wert von sFr. 20.— an.
Einzelne Hotels gewähren bei Buchung dieses Sonderangebotes zusätzliche Ermässigungen und organisieren weitere tolle Aktivitäten.

Dokumentation erhätlich
Bestandteil der EJ-Dokumentation sind auch Fahrpläne, Fahrpreise und Unterlagen über Hotels und Ferienwohnungen.

Bild 140 (links oben): Anlässlich der Probefahrten am 31. Mai 1997 zwischen Goldau und Rigi Kulm macht die Lok H 1/2 Nr. 7 mit ihrem Kohletransport Rast in Rigi Staffel.

Bild 141 (links): Bei der gleichen Fahrt nutzte Lokführer Martin Horath den Kreuzungshalt in der Station Fruttli zu einem seltenen Schnappschuss.

Bild 142 (rechte Seite oben links): Vom legendären ARB-Triebwagen BDhe 2/4 Nr. 3 sind nur noch der Führerstand und das Antriebsdrehgestell erhalten geblieben. Nach einer kurzfristigen Pinsel-Restaurierung wirbt der Fahrzeugteil seit 28. Mai 1997 für die Rigi-Bahnen vor der Talstation der Standseilbahn zum Luzerner Hotel Montana.

Bild 143 (daneben): Lok H 1/2 Nr. 7 überquert die Rotenfluhbachbrücke zwischen Kräbel und Fruttli. **Alle Abb.: M. Horath**

lager neu gegossen worden. Die Rigi-Bahnen beteiligten sich mit rund 1500 Arbeitsstunden an der Aufarbeitung von Lok 7. Am 12. März 1996 konnte die angeheizte Lok mit dem Motorlastschiff von Luzern nach Vitznau gebracht werden, wo sie die Bevölkerung mit einem Festakt empfing. Nach der offiziellen Abnahme durch die Eisenbahnbehörde am 23. April 1996 durfte die historische Maschine ihre ersten Publikumsfahrten absolvieren. Die feierliche Einweihung fand am 21. Mai 1996, dem 125. Geburtstag der Vitznau-Rigi-Bahn, statt. Anschliessend fand sich die Lok täglich in Rigi Staffel ein, um mit dem 1871 gebauten Vorstellwagen B2 in acht Pendelfahrten zur Gipfelstation Kulm hochzuklettern. Dieses strenge Programm erfüllte die Veteranin bis zum 20. Oktober. Anschliessend verbrachte sie den Winter in der neuen Eisenbahn-Ausstellung im Verkehrshaus Luzern.

Rechtzeitig zur Fahrzeugparade vom 4. Juni 1997 kehrte Lok 7 wieder zu den Rigi-Bahnen zurück, um den ganzen Sommer lang auf der 200‰ steilen Strecke Arth-Goldau bis Rigi Kulm weiter beliebte Dampffahrten zu führen. Vor dem Wintereinbruch soll die Stehkessellok dann endgültig ins Museum zurückkehren, um sich den Besuchern als eines der ältesten noch erhaltenen Schweizer Triebfahrzeuge zu präsentieren.

Bild 139 (unten): Die H 1/2 Nr. 7 erhielt bei ihrer Aufarbeitung bei SLM auch einen neuen Stehkessel. Links ist die bergseitige, antriebslose Achse sichtbar. Unter dem Führerstand wird die Kraft mittels Kuppelstangen auf die Zahnradachse übertragen. **Abb.: Ch. Lüber**

Bild 137: Die Veteranin wurde von der Vitznauer Dorfbevölkerung festlich empfangen.

Bild 136 (ganz oben): Überführung der soeben aufgearbeiteten Lok H 1/2 Nr. 7 auf einem Kiesschiff am 12. März 1996 von Luzern nach Vitznau (kurz nach Abfahrt im Luzerner Seebecken). **Abb. 136 und 137:** K. Bieri

Bild 138 (rechts oben): Dann wurde es im täglichen Einsatz zwischen Staffel und Kulm ernst. **Abb.:** B. Hitz

Technische Daten nach Aufarbeitung	
Bezeichnung	H 1/2 Nr. 7
Werknummer	SLM Nr. 1
Länge über Puffer	6,4 m
Dienstgewicht	14,7 t
Kolbenhub	400 mm
Dampfdruck	14 atü
Leistung	200 PS/125 kW
Durchmesser	
– Zylinder	270 mm
– Laufrad	660 mm
– Triebzahnrad	684 mm
Höchstgeschwindigkeit	7,5 km/h
Baubeginn SLM	Herbst 1871
Inbetriebnahmen	
– mit Stehkessel	1873
– mit liegendem Kessel	1892
Ausserbetriebsetzung	1937
Wiederinbetriebnahme	21.05.1996
(vorübergehend Sommer 1996/97)	

Aufarbeitung der Stehkessellok H 1/2 Nr. 7

Zum 125-Jahr-Jubiläum 1996 hatten sich die Rigi-Bahnen eine besondere Attraktion einfallen lassen: Die bis dahin im Verkehrshaus in Luzern ausgestellte Stehkessellok H 1/2 Nr. 7 durfte wieder über die Gleise von Vitznau nach Rigi Kulm dampfen. Diese originelle Idee unterstützte auch die Schweiz. Lokomotiv- und Maschinenfabrik Winterthur (SLM), die seit ihrer Gründung vor ebenfalls 125 Jahren über 5700 Triebfahrzeuge produziert und in 17 Länder auf allen Kontinenten geliefert hat. Es war nämlich die Lok 7 der VRB, die diese Werkstätten als erste dort fertiggestellte Maschine im Jahr 1873 verliess.

Das Verkehrshaus stellte sein Exponat freundlicherweise für zwei Jahre leihweise zur Verfügung. Und so wurde die Lok am 7. März 1995 von Luzern nach Winterthur überführt. Dort versetzten Fachleute die Veteranin in 900 Arbeitsstunden wieder in betriebsfähigen Zustand. Die teilweise im Frondienst geleistete Aufarbeitung mit Gesamtkosten von rund 600 000 sFr umfasste die Überprüfung sämtlicher Einzelteile.

Da die VRB während der Betriebszeit der Lok 7 (1873 bis 1937) nur über Schiebebühnen und Drehscheiben verfügte, musste die Maschine durch den Einbau einer neuen Treibachse mit kleinerem Triebzahnrad weichengängig gemacht werden. Ein dort eingreifendes Ritzel und ein neues Vorgelege übertragen heute die Leistung von 125 kW auf die Riggenbach-Zahnstange.

Die Lok erhielt aber auch einen neuen Stehkessel mit Verschalung. Das Original wurde ja 1892 durch einen liegenden Druckbehälter ersetzt. Seit dem Rückbau zum Ausstellungsstück trug die Maschine eine unverrohrte Attrappe. Auch das Dach über dem Führerstand musste erneuert werden. Die heutigen Sicherheitsbestimmungen erforderten ausserdem die Neukonzipierung der Bremseinrichtungen. Auch Nostalgiefahrzeuge müssen mit drei unabhängigen Bremssystemen den strengen Betriebsvorschriften entsprechen. Neben dem Ersatz anderer schadhafter Teile musste auch der lecke Wasserbehälter abgedichtet werden.

Gleichzeitig waren in der Werkstätte in Vitznau die Armaturen restauriert und die Gleit-

Pilatusbahn

den Lieferanten (Waggonfabrik Rastatt und Wüest) talseitig mit einem Lauf- und bergseitig mit einem Antriebsdrehgestell ausgerüstet worden. Nur der BDhe 2/4 Nr. 3 blieb bis 1965 in Betrieb. Davon ist heute noch eine Frontpartie erhalten, die jeweils bei Ausstellungen oder Fahrzeugpräsentationen gezeigt wird.

1911 beschaffte die ARB bei Schweizer Lieferanten den BCFhe 2/3 Nr. 6, den heute ältesten Zahnradtriebwagen der Welt. Das Rigi-Pullman-Fahrzeug wurde 1985 bis 1990 mustergültig restauriert und bildet heute in strahlendem Weiss die Attraktion des Fahrzeugparks. Als Betriebsreserve dient heute der 1925 in Dienst gestellte BDhe 2/4 Nr. 7. Die fünf Jahre später gebaute Ellok He 2/3 Nr. 8 arbeitet vorwiegend bei der Schneeräumung und bei Spitzenverkehr.

Vier modernere Motorwagen übernahmen in den Jahren 1949 bis 1967 die Hauptlast des Betriebs: Die BDhe 2/4 Nr. 11 bis 14 besitzen Drehgestelle mit je einer Triebzahnradachse und verkehren heute mit Steuerwagen als Pendelzüge. Seit 1982 steht die fünfte Pendelgarnitur mit dem an allen Achsen angetriebenen BDhe 4/4 Nr. 15 im Einsatz. 1995 durchlief der fast 50jährige BDhe 2/4 Nr. 11 eine komplette Modernisierung und erhielt dabei einen Einholmstromabnehmer.

Bei der ehemaligen ARB sind 1997 insgesamt zwei historische Motorwagen, eine Mehrzwecklok, fünf Pendelzugkompositionen, fünf Vorstellwagen sowie acht Güter- und Dienstwagen vorhanden.

Pilatusbahn

Zur Erstausstattung gehörten neun Dampftriebwagen Bhm 1/2 Nr. 1 bis 9 (Bj. 1886 bis 1889). Zwei weitere Fahrzeuge (Nr. 10 und 11) traten ihren Dienst 1900/1909 an. Nur zwei dieser Dampftriebwagen mit talseitigem Führerstand und querliegendem Dampfkessel blieben museal erhalten.

Nach Errichtung des Fahrdrahts übernahmen 1937 die acht Triebwagen Bhe 1/2 Nr. 21 bis 28 den elektrischen Verkehr. 1954 stellte die PB das Kombifahrzeug Ohe 1/2 Nr. 31 in Dienst. Es ist für den Lastentransport eingerichtet. Das Fahrgestell kann bei Bedarf auch mit einer 1962 zusätzlich beschafften Fahrgastkabine ergänzt werden. Der Fahrzeugpark wurde 1968 um die baugleiche, aber stärkere Einheit Bhe 1/2 Nr. 30 auf zehn Personentriebwagen mit je 40 Sitzplätzen erweitert. Für Güter- und Dienstzüge wird seit 1981 das Fahrzeug Xhm 1/2 Nr. 32 mit dieselelektrischem Antrieb als fahrdrahtunabhängige Reserve bereitgehalten. Die PB besitzt keine Vorstell- und Güterwagen.

Triebfahrzeuge der Pilatusbahn — Stand: 01.06.1997

Typ	Betr.-Nr.	Baujahr	Antrieb	Dienstgewicht t	Leistung am Rad kW	Vmax. Bergfahrt km/h	Vmax. Talfahrt km/h	Erbauer
Bhm 1/2	1 – 9	1886 – 1889 [1]	Dampf Zwilling Nassdampf	13,2	77	3,6	3	SLM/SIG
Bhm 1/2	10	1900 [2]						
Bhm 1/2	11	1909 [3]	Heissdampf	13,2	85	4,4	3	
Bhe 1/2	21 – 28	1937	elektrisch	9,6	155	12,0	3	SLM/MFO
Ohe 1/2	31 [4]	1954	elektrisch	10,5	170	12,0	9	SLM/MFO
Bhe 1/2	29 [4]							
Bhe 1/2	30	1967	elektrisch	10,5	175	12,0	9	SLM/MFO
Xhm 1/2	32	1981	elektrisch	11,7	290	12,0	9	SLM/Stadler Deutz/BBC

[1] Triebwagen Nr. 1 bis 8: ausrangiert 1936, alle bis 1937 abgebrochen, Triebwagen Nr. 9 seit 1982 im Verkehrshaus Luzern ausgestellt.
[2] Triebwagen Nr. 10 seit 1976 im Deutschen Museum ausgestellt.
[3] Ausrangiert 1936, abgebrochen 1937.
[4] Fahrgestell wahlweise mit Güteraufbau oder Fahrgastkabine, Gütertransporter: Ohe 1/2 31, Reisetriebwagen Bhe 1/2 29.

Angaben: PB

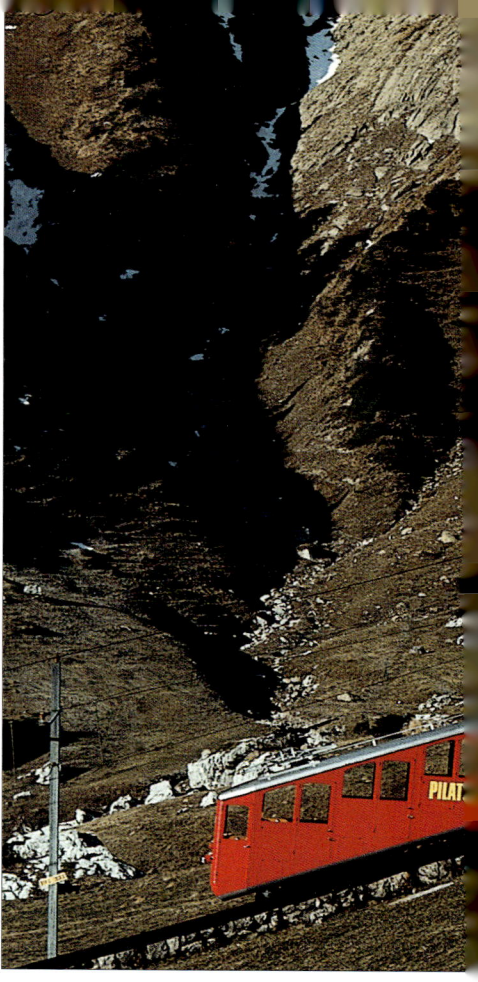

Die Pilatus-Triebfahrzeuge (rechts):

Bild 135: Die drei Fahrzeugtypen der Pilatus-Zahnradbahn gaben sich am 10. November 1981 ein Stelldichein auf der Mattalp: links der Bhe 1/2 Nr. 22, dann der Ohe 1/2 Nr. 31 für Gütertransporte und schliesslich der Bhm 1/2 Nr. 9. Er wurde wenig später ins Verkehrshaus Luzern verbracht.
Abb.: B. Hitz

Die Triebfahrzeuge der ARB (l.v.o.n.u.):

Bild 131: Die Talbahn-Adhäsionslok E 3/3 Nr. 1 bzw. Nr. 11 am 4. Februar 1940 bei der BLS-Werkstätte Bönigen. Hier trägt sie die BLS-Betriebsnummer 73.
Sie beendete ihr Dasein als Motorenlok bei Von Roll in Gerlafingen.

Bild 132: Die jüngste, 1899 in Betrieb genommene Bergmaschine H 1/2 Nr. 6 wurde 1945 als letzte Dampflok zum Schrottpreis von sFr 3212,-- verkauft und abgebrochen.
Abb. 131 und 132: Slg. Hürlimann

Bild 133: Der BCFhe 2/3 Nr. 6 ist der älteste betriebsfähige elektrische Zahnradtriebwagen der Welt. Er verkehrt in der Regel mit dem 1985 restaurierten Vorstellwagen B 35 von 1899 als "Rigi-Pullman-Express" (13. Juli 1996).
Abb.: Th. Küstner

Bild 134: Pendelzug mit dem BDhe 2/4 Nr. 11 und dem Steuerwagen Bt 21. Der Triebwagen stammt aus dem Jahr 1949. Bei der Modernisierung anno 1995 erhielt er den aktuellen "Schneeflocken"-Anstrich und den Einholm-Stromabnehmer.
Abb.: K. Bieri

1953 über die VRB-Schienen. Er erhielt 1965 willkommene Verstärkung durch den Motorwagen Bhe 4/4 Nr. 5 mit zwei Antriebsdrehgestellen und doppelter Leistung.
Als bisher letzte Triebfahrzeuge kamen 1986 zwei Pendelzugkompositionen nach Vitznau. Die beiden Bhe 4/4 21 und 22 sind mit den Steuerwagen 31 und 32 über eine Scharfenberg-Kupplung verbunden und laufen häufig mit Vorstell-Flachwagen für den Gütertransport. Seit 1982 bewältigt der Akku-Stationstraktor Ta 2/2 Nr. 1 den Verschub im Werkstätten- und Bahnhofsareal in Vitznau.
Die ehemalige VRB verfügt 1997 über eine Ellok, fünf Triebwagen, zwei Pendelzüge, zwei Dampfloks sowie eine Schneeschleuder. Neun Personen- und 13 Güter- bzw. Dienstwagen komplettieren das Rollmaterial der ältesten Zahnradbahn Europas.

Arth-Rigi-Bahn

Die sechs auf der Bergstrecke Goldau – Rigi Kulm verkehrenden ARB-Dampfloks H 1/2 Nr. 1 bis 6 wurden wegen der sehr früh erfolgten Elektrifizierung bereits 1907 durch Elektrotriebwagen in Nebendienste verdrängt. Die Dampflok E 3/3 Nr. 11 der Talbahn ersetzten 1906 die zwei Triebwagen BDe 2/2 Nr. 1 und 2 der Hersteller MAN, Nürnberg, und C. Wüest & Cie, Zürich-Seebach. Bei der ARB ist leider keine Dampflok erhalten geblieben.
1907 traten die Berg-Triebwagen Bhe 2/4 Nr. 3 bis 5 ihren Dienst an. Sie waren von

Die 1899 in Dienst gestellte Lok H 1/2 Nr. 11 mit grösserer Leistung bewährte sich im Betrieb gut. So erhielt sie 1902 mit der Nummer 12 eine Schwestermaschine gleicher Konstruktion. Nach der Elektrifizierung der ARB gelangte 1908 deren Lok 2 nach Vitznau, wo sie aus Aberglauben mit der Betriebsnummer 14 bezeichnet wurde.

1913 lieferte die SLM mit der H 2/3 Nr. 15 einen noch leistungsfähigeren Loktyp mit zwei Triebzahnrädern. Diesen Plänen entsprechen in wesentlichen Teilen auch die 1923 und 1925 angekauften Loks 16 und 17. Sie ersetzten die bereits abgestellten Loks 1 und 6 sowie die nach Ungarn veräusserte Einheit Nr. 14.

Nach der Elektrifizierung 1937 stellte die VRB die meisten Dampfloks ausser Dienst. Ende 1946 waren nur noch die letztgebauten Loks 16 und 17 vorhanden. Rechtzeitig zum 100-Jahr-Jubiläum 1971 wurden diese betriebsfähig aufgearbeitet und in den Jahren 1986 und 1997 umfassend revidiert. So stehen sie auch in Zukunft für Nostalgiefahrten zur Verfügung.

Elektrotraktion

Als erste elektrische Fahrzeuge beschaffte die VRB 1937 die drei Zahnradtriebwagen Bhe 2/4 Nr. 1 bis 3 mit 72 Sitzplätzen. Bei ihnen ist bergseitig das Antriebsdrehgestell und talseitig ein ebenfalls zweiachsiges Laufdrehgestell angeordnet. Ab 1938 befördert die Ellok He 2/2 Nr. 18 vorwiegend Güterlasten. Ein vierter Triebwagen Bhe 2/4 in identischer Bauweise fährt seit

Elektrische Fahrzeuge der Rigi-Bahnen — Stand: 01.06.1997

Bahn Loktyp	Betr.-Nr.	Baujahr	Abbruch	Dienstgewicht t	Leistung am Rad kW	Bergfahrt Zahnrad km/h	Talfahrt Zahnrad km/h	Vmax. Adh. km/h	Erbauer
VRB									
Bhe 2/4	1 – 4	1937 – 1953	–	16,7 – 18,2	331	18	12	–	SLM/BBC
Bhe 4/4	5	1965	–	35,0	824	20	12	–	SLM/SIG/BBC
He 2/2	18	1938	–	13,6	331	18	12	–	SLM/BBC
Bhe 4/4	21 – 22	1986	–	30,6	824	25	14	–	SLM/ABB
Ta 2/2	1	1982[1]	–	7,5	7	–	–	8	StadlerOerlikon
ARB									
BDe 2/2	1 – 2	1905	1959/1966	17,6	88 [2]	–	–	20	MAN/Wüest
BDhe 2/4	3 – 5	1907	1949 – 1975	22,4	260 [2]	12	7	–	Rastatt/Wüest
BDhe 2/3	6	1911 [3]	–	23,5	390 [2]	15	14	–	SLM/SWS/MFO
BDhe 2/4	7	1925	–	27,3	449 [2]	15	14	–	SLM/SIG/MFO
He 2/3	8	1930 [4]	–	34,0	449 [2]	15	14	–	SLM/MFO
BDhe 2/4	11 – 14	1949 – 1967	–	27,3 – 29,0	508	21	14/17	–	SLM/SAAS
BDhe 4/4	15	1982	–	30,3	824	25	14/17	–	SLM/BBC

[1] Akku-Stationstraktor (Verschubaufgaben in Vitznau).
[2] Leistungen nach dem Umbau der elektrischen Ausrüstung 1938/39.
[3] Bezeichnung ab Restaurierung 1990: BCFhe 2/3 (ältester Elektro-Zahnradtriebwagen der Welt).
[4] Mehrzwecklok: Es kann eine Schneeschleuder angebaut werden.

Die Triebfahrzeuge der VRB:

Bild 128: Das jüngste Triebfahrzeug der Rigi-Bahnen ist der 1986 in Dienst gestellte Bhe 4/4 Nr. 22, der zusammen mit dem Steuerwagen Bt 32 fest als Pendelzug gekuppelt ist. **Abb.: K. Bieri**

Bild 129 (links): Der Akku-Stationstraktor Ta 2/2 Nr. 1 steht seit 1982 im Bahnhof Vitznau im Einsatz. **Abb.: B. Moser**

Bild 130 (rechts): VRB-Triebfahrzeugparade vor dem alten Depotgebäude in Vitznau am 19. Mai 1986: Auf der Drehscheibe vorne die beiden Dampfloks H 2/3 Nr. 16 und 17, hinten von links nach rechts drei Bhe Nr. 1–3, Lok He 2/2 Nr. 18, Bhe 4/4 Nr. 22, Bhe 4/4 Nr. 5, Bhe 2/4 Nr. 4 und der Bhe 4/4 Nr. 21. **Abb.: B. Hitz**

Die Fahrzeuge Rigi und Pilatus

Vitznau-Rigi-Bahn

Dampfbetrieb

Zur Betriebseröffnung im Mai 1871 lieferte die von Niklaus Riggenbach geleitete Centralbahnwerkstätte Olten vorerst drei neukonstruierte Dampflokomotiven des Typs H 1/2. Der Antrieb der zweiachsigen Maschinen wirkte ausschliesslich über ein an einer eigenen Achse laufendes Zahnrad auf die Leiterzahnstange. Die Loks verfügten über einen stehenden Kessel, um in den stark geneigten Abschnitten störende Schwankungen des Wasserstands auszuschliessen.

Nach der Ankunft der zusätzlich beschafften Dampfloks H 1/2 Nr. 4 bis 6 standen im dritten Betriebsjahr insgesamt sechs Triebfahrzeuge und fünf Vorstellwagen für Personen sowie drei Güterwagen zur Verfügung. Noch im gleichen Sommer traten vier weitere Stehkesselloks ihren Dienst an. Sie stammten aus den Werkstätten der neugegründeten Schweiz. Lokomotiv- und Maschinenfabrik in Winterthur (SLM).

Aufgrund der guten Erfahrungen bei der ARB entschied man sich in Vitznau, die im Volksmund als "Riggenbach-Schnapsbrennereien" bezeichneten Stehkesselloks H 1/2 Nr. 1 bis 10 zwischen 1882 und 1892 auf liegende Kessel umzurüsten. Diese waren für Reinigung und Unterhalt besser zugänglich. Ausserdem ermöglichte die günstigere Lastenverteilung eine verbesserte Bremswirkung.

Dampfloks der Rigi-Bahnen									Stand: 01.06.1997
Bahn Loktyp	Betr.-Nr.	Baujahr	Verkauf/ Abbruch	Dienst-gewicht t	Leistung am Rad kW	Bergfahrt Zahnrad km/h	Talfahrt Zahnrad km/h	Vmax. Adhäsion km/h	Erbauer
VRB									
H 1/2	1 – 6	1870 – 1873	1914 – 1937	17,6	125	6,0 – 9,0	9,0	–	SCB Olten
H 1/2	7	1873	– [1]	14,8	125	7,5 – 9,0	9,0	–	SLM
H 1/2	8 – 10	1873	1937	16,8	125	6,0 – 9,0	9,0	–	SLM
H 1/2	11 – 12	1899/1902	1938/1946	19,4	184	9,0	9,0	–	SLM
H 1/2	14	1875[2]	1917[2]	17,7	300	9,0	9,0	–	IGB Aarau
H 2/3	15	1913	1941	23,1	368	9,0	9,0	–	SLM
H 2/3	16 – 17	1923/1925	–	24,3	368	9,0	9,0	–	SLM
ARB									
E 3/3	11	1875	1931[3]	19,8	80	–	–	21	SLM
H 1/2	1 – 5	1875[4]	1910 – 1923	17,7	170	9,5	9,0	–	IGB Aarau
HG 1/2	4	1886[4]	1909	19,8	170	12	9,0	20	Umb. SLM
H 1/2	6	1899	1945	20,7	184	14	9,0	–	SLM

[1] Ausserbetriebsetzung 1937, ab 1959 im Verkehrshaus Luzern ausgestellt, betriebsfähig seit 1996, leihweise bei den Rigi-Bahnen im Sommer 1996 und 1997.
[2] 1875 bis 1908 bei der ARB als Lok Nr. 2, 1908 bis 1917 bei den VRB als Lok Nr. 14, ab 1917 bei der Schwabenberg-Bahn, Budapest, 1931 Abbruch.
[3] 1911 bis 1931: Bödeli-Bahn (TSB/BLS); 1931 bis 1946: Gaswerk Basel; 1946 bis 1974: nach Umbau als Diesel-Rangiertraktor bei Von Roll Klus, Balsthal.
[4] H 1/2 Nr. 4: Umbau 1886 auf kombinierten Betrieb für Einsätze auf Tal- und Bergstrecke.

Bild 126: Hoch über dem Vierwaldstättersee schwebt die Grosskabine der Luftseilbahn ab Fräkmüntegg der Bergstation Pilatus Kulm entgegen. Über ihrem Laufwerk ist die Rigi und links davon das Dorf Küssnacht a/R. sichtbar. An der unteren Bucht breitet sich der Luzerner Vorort Horw aus.

Bild 127 (unten): Direkt unter der Kabine der neuen Gondelbahn Krien – Fräkmüntegg sind der Pilatusgipfel Esel, das Rundhotel Bellevue und der Aussichtspunkt Oberhaupt zu erkennen. **Abb. 126 und 127:** Archiv PB

Am Seil geht es schneller

Wer zum Pilatus schweben möchte, besteigt in Luzern den Trolleybus der Linie Nr. 1 in Richtung Kriens. Dieses umweltfreundliche Verkehrsmittel löste hier 1961 die Strassenbahn ab. Noch heute werden die alten Tramschienen stellenweise von der Güterbahn Luzern – Kriens (KLB) benützt. Nach einem kurzen Fussweg setzt man sich in eine der 132 schmucken Kabinen, die die Gäste langsam über Wiesen und Wälder zur Krienseregg (1026 m ü.d.M.) hochtragen. Die Zwischenstation in diesem gutbesuchten Naherholungsgebiet wird von den Gondeln durchfahren. Die Pilatus-Besucher/innen müssen dort nicht umsteigen.

Auch auf dem zweiten Abschnitt bewegen wir uns weiterhin in der hügeligen Voralpenlandschaft und schweben gemächlich über die Baumwipfel hinweg. Bald wird die Fräkmüntegg (1415 m) erreicht, wo man im Hochwinter auch skilaufen kann. Im Sommer tummeln sich hier die Wanderfreunde und die Erlebnistouristen. In unberührter Natur wartet auch die grösste Schweizer Rodelbahn auf Gäste. Am Ende der Alpwiesen erheben sich nun die steilen Kalkstein-Felswände des Pilatus, die man als erfahrener Bergwanderer auch zu Fuss bezwingen könnte.

Die nicht ganz Schwindelfreien wechseln aber bevorzugt zur Grosskabine der Pendelbahn, die die Aussichtshungrigen in fünf Minuten zum Pilatus Kulm hochbringt. Während der "Fahrt zum Himmel" wird ein einziger Mast überquert. Wer einen Fensterplatz ergattert hat, kann sich bei guter Witterung über den einzigartigen Tiefblick freuen. Wie klein ist doch aus luftiger Höhe der Vierwaldstättersee, wo sich u.a. die Stadt Luzern ausbreitet. Es ist ein erster Vorgeschmack auf die herrliche Aussicht, die sich dem Besucher nach der Ankunft auf den beiden Gipfeln Esel (2118 m) und Oberhaupt (2016 m) bieten wird. Und dorthin strömen auch die Gäste, sobald sie die Kabine im 1964 erstellten Rundgebäude des Hotels Bellevue verlassen können.

Und sollte die Zentralschweiz in einer trüben Suppe stecken, dann tauscht man halt das Nebelmeer mit den Bergspitzen und wärmt sich in den Restaurants wieder auf.

Bilder linke Seite (v.o.n.u.):

Bild 123: Das Kulmhotel erinnert noch an den Tourismus im 19. Jahrhundert. Die Zahnradbahn beginnt ihre Talfahrt aber im benachbarten modernen Rundhotel Bellevue (hinter den Felsen). Der Triebwagen auf Talfahrt kurz vor der Traversierung der Eselswand.
Abb.: P. Pfeiffer

Bild 124: In der Kreuzungsstelle Aemsigen werden die zur gewünschten Gleisverbindung passenden Schienenstücke heute elektrisch eingeschoben.

Bild 125: Vor der Kulisse des Bürgenstockes verlässt der Bhe 1/2 Nr. 24 die Kreuzungsstelle Aemsigen.
Abb. 124 und 125: K. Bieri

Technische Daten der Seilbahnen

Betriebsart:	Gondelbahn	Luftseilbahn
Typ:	Einseil-Umlaufbahn	Pendelbahn
Strecke:	Kriens – Fräkmüntegg	Fräkmüntegg – Pilatus Kulm
Talstation:	Kriens (516 m ü.d.M.)	Fräkmüntegg (1415 m ü.d.M.)
Zwischenstation:	Krienseregg (1026 m)	–
Bergstation:	Fräkmüntegg (1415 m)	Pilatus Kulm (2070 m)
Höhendifferenz:	899 m	655 m
Betriebslänge:	4900 m	1389 m
Grösste Neigung:	360 ‰	570 ‰
Anzahl Stützen:	25	1
Anzahl Kabinen:	132 (4 Personen)	2 (41 Personen)
Antriebsleistung:	382 kW	250 kW
Geschwindigkeit:	4,5 m/s	6,5 m/s
Fahrzeit:	18 Minuten	5 Minuten
Transportkapazität:	750 Pers./Std.	480 Pers./Std.
Betriebseröffnung:	23.12.1954	09.03.1956
Erneuerung:	10.05.1996	10.12.1983
Erbauer:	Garaventa, Goldau	Garaventa, Goldau
Reisende 1994:	730 913 Personen	287 038 Personen

Seilbahnen zum Pilatus

Aus touristischen Gründen blieb der Wunsch weiterhin bestehen, den Pilatus auch von der Stadt Luzern aus zu erschliessen. Doch für ein Transportmittel am luftigen Seil war die Zeit vorerst noch nicht reif. Bereits während der Bauzeit der Pilatus-Zahnradbahn hatte der Spanier Leonardo Torres y Quevedo von Santander ein spektakuläres Seilbahnprojekt zur Konzessionierung vorgelegt: Eine achtplätzige, an Speichenrädern hängende Fahrgastkabine sollte über sechs Kabel vom Pilatus-Gipfel Oberhaupt zum benachbarten Klimsenhorn hinunterrollen und auf einer Betriebslänge von 465 m die beiden Hotelbetriebe verbinden. Eine auf der Bergstation stationierte Dampfmaschine hätte das Zugseil auf- und abrollen sollen. Dieses neue, auch in Deutschland patentierte Verkehrsmittel erhielt aber keine Baubewilligung.

Erst in den fünfziger Jahren war man soweit, dass die Eroberung des Aussichtsberges Pilatus mit einer Luftseilbahn in Angriff genommen werden konnte. Man entschied sich, vom Luzerner Vorort Kriens aus eine Gondelbahn via Krienseregg zur Fräkmüntegg zu bauen. Von dort liessen die Ingenieure zwei doppelte Tragseile zum Pilatus Kulm spannen, über welche die künftige Pendelbahn mit zwei 40-Personen-Kabinen verkehren sollte.

Die Krienseregbahn als Tochtergesellschaft der Pilatusbahn nahm ihren Betrieb bereits vor Weihnachten 1954 auf, die Eröffnung der Fortsetzung von der Fräkmüntegg zum Pilatus folgte am 9. März 1956.

Diese beiden Seilbahnen übertrafen die Erwartungen als ganzjähriges Massentransportmittel bei weitem. Die Möglichkeit der schnellen Bergfahrt wollten sich die Gäste aus aller Welt natürlich nicht entgehen lassen. Im Rekordjahr 1990 beförderten die schwebenden Pilatus-Kabinen über 956 368 Personen.

Die von der Krienser Firma Theodor Bell erstellte Zweiseil-Umlauf-Gondelbahn von 1954 stand über vier Jahrzehnte im Einsatz. Die Erbauerin berühmter Brückenübergänge bei mehreren Schweizer Bahnen und leistungsfähiger Turbinenanlagen in aller Welt bot auch hier hervorragende Qualitätsarbeit. Seit 10. Mai 1996 schweben nun von Kriens aus neue rote Kabinen über 25 Masten zur Fräkmüntegg.

Bild 121 (links): In der Eselswand ist die Trasse bis zu 480°/₀₀ steil. Beeindruckend, dass auf diesem Abschnitt eine Schienenbahn überhaupt fahren kann.
Abb.: K. Bieri

Bild 122 (rechts): Der 1937 gebaute Bhe 1/2 Nr. 28 rollt am 2. Juli 1994 bei der Mattalp talwärts. Über dem Fahrzeugdach und den Höhlen ist die einzigartige Streckenführung quer durch die steil abfallende Eselswand sichtbar.
Abb.: B. Eng

serer Vorfahren! Der Brückenübergang lehnt sich direkt an den 40 m langen Wolforttunnel. Wieder schieben die 155 bis 175 kW starken Elektromotoren das Gefährt in Maximalsteigung bergwärts. Wenig später zwängt sich das Gleis zwischen den Felspartien beim "Chli Turren" durch, um in den beiden Spychertunnels (47 und 97 m lang) zu den grünen Weiden der Aemsigenalp hochzusteigen. Hier befindet sich auf 1355 m über Meereshöhe die einzige Kreuzungsstelle der Strecke. Nach und nach rücken die bergwärtsfahrenden Triebwagen im Ausweichgleis zusammen, das Platz für fünf Kompositionen bietet. Gleichzeitig treffen auch die in der Gegenrichtung verkehrenden Triebwagen auf dem Nebengleis ein. Dann bedienen die Wagenführer der vordersten Fahrzeuge die elektrischen Schiebebühnen beidseits der Kreuzungsstelle. Die Aluminiumplatten mit den passenden Schienenstücken rollen in Position. Nun sind die Anschlüsse zum Streckengleis sichergestellt, und die Fahrten können fortgesetzt werden.

Ab in die Felsen!

Wir sind nun mitten in Alpweiden, die Baumgrenze mit dem dichten Wald liegt hinter uns. Mit "nur" noch 388°/₀₀ Steigung strebt das Gleis der Mattalp (1600 m) entgegen, wo sich zur Dampfzeit eine zweite Wasserstation befand. Vorne beeindruckt die fast senkrecht aufsteigende Eselswand. Damit rückt auch der attraktivste Streckenabschnitt näher. In einem 44 m langen Tunnel stösst die Trasse in die steilen Felsen vor, und die Begeisterung der Fahrgäste kennt kaum noch Grenzen. Die Wiesen bleiben unten zurück, während die Bahn sich ihren kaum sichtbaren Weg durch das schroffe Gestein bergwärts sucht. Bei einigen Pessimisten macht sich nun wohl etwas Beklemmung breit. Doch die Zahnstangen halten, und der Triebwagen schlendert gemächlich dem Kulm entgegen. Am gegenüberliegenden Hang grüssen einige Wanderfreunde auf dem Bergpfad.

Drei kurze Tunnels, dann ist links in Fahrtrichtung bereits das in traditionellem Stil gebaute Kulmhotel sichtbar. Schon verschwindet das Gleis im Schlund des im Betonzeitalter der sechziger Jahre errichteten Rundbaus des Hotels Bellevue, wo sowohl Zahnradbahn als auch Luftseilbahn, Übernachtungsgäste und Restaurant-Besucher Gastrecht geniessen. Nach rund 30 Fahrtminuten ist der Endbahnhof auf 2073 m ü.d.M. erreicht, und die Türen öffnen sich zur grossen Aussichtsparade. Die Gäste können nun wählen, ob sie die berühmte Panoramasicht auf den Vierwaldstättersee oder auf die Bergketten der Zentralschweiz und des Berner Oberlandes von den Plattformen auf dem Eselsgipfel (2118 m), dem Oberhaupt (2106 m) oder dem Klimsenhorn (1907 m) bewundern wollen. Wenn die Witterung eine Mahlzeit auf der Sonnenterrasse zulässt, dann darf man den Imbiss mit den flinken Bergdohlen teilen.

Wer sich die nicht minder spektakuläre 40-minütige Talfahrt in der Zahnstange mit max. 9 km/h entgehen lassen will, der benütze zur Rückkehr in den Alltag die Luftseilbahn nach Fräkmüntegg und anschliessend die Gondelbahn nach Kriens. Über die beiden schwebenden Verkehrsmittel können die Gäste den Luzerner Vorort in 36 Minuten erreichen.

Eldorado für Fotofreunde?

Da die Pilatus-Bahnstrecke an keiner Stelle mit dem Auto zugänglich ist, können Foto- und Filmfreunde ihrem Hobby nur auf Schusters Rappen nachgehen. Da auch die Haltestelle Aemsigen heute als Dienststation nicht zum Ein- und Aussteigen eingerichtet ist, sind für Entdeckungsabenteuer längere und anstrengende Bergwanderungen nötig. Dazu laden gut ausgeschilderte Pfade ein, die eine unvergessliche Aussicht auf See und Berge gestatten. Deshalb gehört auch ein Teleobjektiv in den Rucksack. Das Begehen der Bahnstrecke ist übrigens strengstens verboten, da für Fussgänger entlang der Zahnstangengleise durch das Schmierfett und die Steilheit akute Absturzgefahr besteht. Dies sind alles Gründe, weshalb in Privatarchiven leider wenig Aufnahmen von der Pilatusbahn existieren.

Verzeichnis der Tunnels
1	Wolfort	40 m
2	Spycher I	47 m
	Spycher II	97 m
3	Eselwand I	44 m
4	Eselwand II	50 m
5	Eselwand III und IV	46 u. 9 m

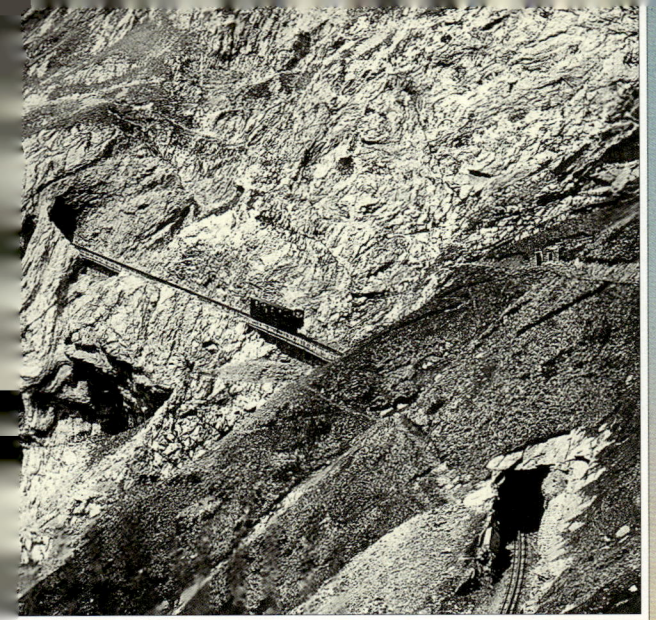

Bild 118: Wie eine Raupe kriecht der Dampftriebwagen durch die imposante Eselswand.

Bild 119: Im steilsten Abschnitt der Eselswand führt der talwärtsfahrende Bhm 1/2 Nr. 9 vor der unteren Achse den Schmierwagen mit.

Bild 120 (rechts unten): Der Dampftriebwagen in der Umbauversion um 1910: Neben der neuartigen Kastenfederung ist zwischen den Achsen auch der genietete Hohlbalken sichtbar, in dem die Wasservorräte mitgeführt wurden.
Abb. 116 bis 120: Sammlung Hürlimann

Bild 117 (linke Seite unten): Kreuzung in Aemsigen um 1940. Einzigartig sind die anstelle von Weichen verwendeten Schiebebühnen.

wäre die automatische Fliehkraftbremse in Funktion getreten. Über die bereits erwähnte Schneckenwelle hätte sie das Fahrzeug umgehend zum Stillstand gebracht.

Der Wagenkasten mit den Abteilen für die etwa 32 Reisenden war etwa ab dem Jahr 1893 mit acht Doppelblattfedern auf dem Rahmen abgestützt. Acht Schraubenfedern hatten auch die horizontalen Stösse aufzufangen. Damit gelang es, die von der hart arbeitenden Dampfmaschine ausgelösten ruckartigen Bewegungen nahezu auszuschalten.

Einige Dampftriebwagen erhielten später zur Leistungserhöhung Kessel mit Überhitzer. Zu diesem Zweck wurden bis 1924 bei allen Fahrzeugen gewellte Feuerrohre eingebaut. Schliesslich brachten die Zweizylinder-Maschinen eine Kraft von 78 kW (105 PS) auf die Zahnstange.

Erwähnenswert ist noch die Tatsache, dass die Dampfmaschine des ungewöhnlichen Triebwagens Bhm 1/2 massgeblich vom ersten SLM-Technikdirektor Charles Brown mitkonstruiert wurde. Sein Sohn leistete später als Mitbegründer der BBC Baden wichtige Pionierarbeit bei der Entwicklung von Elektrolokomotiven.

Der einzige noch betriebsfähige Triebwagen Nr. 9 verbrachte seine letzten Einsätze jeweils beim Schneebruch im Frühjahr. Die letzten Sonderfahrten mit Reisenden erlebte er 1981. Heute steht er der Eisenbahnausstellung des Verkehrshauses Luzern zur Verfügung.

Bild 116 (links): Die Wasserstation Aemsigen verfügt über die einzige Ausweichstelle der Strecke. Um 1900 warten dort bergwärts fahrende Triebwagen auf entgegenkommende Fahrzeuge.

Mit Dampf zum Pilatus

So eine dampfende Bergfahrt muss ein unvergessliches Erlebnis gewesen sein: Es brauchte viel Kraft, das rund 11,6 t schwere Fahrzeug mit seinen 32 Passagieren bergwärts zu schieben. Während der Lokführer die Strecke überwachte und die Armaturen im Auge behalten musste, hatte der Heizer auf der Berg- und Talfahrt fast 300 kg Kohle in den gierigen Schlund der Feuerbüchse zu schaufeln. Die Heizfläche mass immerhin 19 bis 21 m², womit im kleinen Kessel ein Druck von 12 bar erzeugt werden konnte. Der Rauch quoll aus einem unscheinbaren Kamin, dessen Rohr talseitig des Führerstandes angebracht war.

Wenn der Wagen Richtung Kulm dampfte, stand auf der bergseitigen Plattform der Schaffner, der das Gleis und seine Umgebung aufmerksam beobachtete. Im Notfall konnte er eines der vier unabhängigen Bremssysteme betätigen, die auch während der Dampfzeit eine hohe Sicherheit garantierten.

Als zuverlässige Betriebsbremse wirkte während der Talfahrt die mit Gegendruck arbeitende Dampfmaschine. Ausserdem war das bergseitige Zahnradpaar über einen Klinkenmechanismus mit einer Schneckenwelle verbunden, deren Drehzahl mit einer Bandbremse beeinflusst werden konnte. Für zusätzliche Unterstützung beim Verlangsamen und Anhalten sorgte eine zweite, auf die Kurbelwelle wirkende Bandbremse. Hätte der Triebwagen die festgelegte Geschwindigkeit von ca. 4,7 km/h überschritten, dann

Pilatus-Bahn
Fahrplan – Horaire – Time Table
Mai 1894

Alpnach-Stad – Pilatus-Kulm				
Luzern Dampfboot ab	6:15	9:30	1:50	
Alpnach-Stad an	7:25	10:50	2:50	
Luzern Brünigbahn ab	7:00	10:20	2:43	
Alpnach-Stad an	7:33	11:00	3:13	
Interlaken B.-S. ab	*6:15	—	7:20 9:25
Alpnach-Stad an	*7:07		12:01 3:15
Alpnach-Stad ab	**7:35**	**11:05**	**3:20**	
Pilatus-Kulm an	**9:00**	**12:30**	**4:45**	

Pilatus-Kulm – Alpnach-Stad				
Pilatus-Kulm ab	**9:10**	**1:45**	**5:25**	
Alpnach-Stad an	**10:30**	**3:05**	**6:45**	
Alpnach-Stad Dampfboot ab	12:05	3:20	6:55	
Luzern an	1:15	4:20	8:05	
Alpnach-Stad Brünigbahn ab	12:04	3:17	6:55	
Luzern an	12:35	3:47	7:25	
Alpnach-Stad ab	11:05	3:15	(6:53	
Interlaken B.-S an	5:39	7:50	*7:38	

Diese Züge werden nur ausgeführt, sofern die Schnee- und Witterungsverhältnisse es gestatten.
* Lokalzug von resp. nach Giswil.
Die Minutenziffern der Nachtstunden von 6:00 abends bis 5:59 morgens sind unterstrichen.

Alpnachstad – Pilatus

Bahnhöfe	Höhe m ü.d.M.	km
Alpnachstad	440 m	0,00
Aemsigen (K)	1355 m	2,35
Pilatus Kulm	2070 m	4,80

Steigungen (max.)	
Alpnachstad – Aemsigen	480 ‰
Aemsigen – Mattalp	388 ‰
Mattalp – Kulm	480 ‰
Streckenlänge	4,618 km
Spurweite Schmalspur	800 mm
Zahnstangensystem	Locher
Kleinster Kurvenradius	80 m
Anzahl/Länge Tunnels	7/333 m
Anzahl/Länge Galerien	3/120 m
Grössere Brücken	23/229 m
Baubeginn	01.04.1886
Eröffnung	04.06.1889
Elektrifizierung	15.05.1937
Stromsystem	Gleichstrom 1650 V

(K = Kreuzungsstelle/Dienststation)

Bild 115: Direkt nach dem Wolfort-Viadukt beginnt der gleichnamige Tunnel. Die grüne Scheibe am Fahrzeug signalisiert noch einen weiteren Triebwagen. **Abb. 114 und 115:** Slg. Hürlimann

Reisebericht Alpnachstad – Pilatus Kulm

Wer sich den Schmalspurgleisen der Pilatusbahn in Alpnachstad nähert, wird umgehend von ihrer attraktiven Technik in den Bann gezogen. Erster Blickfang sind meist die roten Triebwagen, die am Hang auf den überraschend steil angelegten Schienen auf Fahrgäste warten. Ebenso viel Aufmerksamkeit verdient auch das mehr als 100 Jahre alte Empfangsgebäude in seinem rustikalen Holzbaustil, das sorgfältig renoviert an die letzte Jahrhundertwende erinnert.

Die Talstation verfügt nur über zwei Gleise, denn der eigentliche Betriebsbereich liegt aus Platzgründen oberhalb des Bahnhofs. Bereits beim Bahnsteig weist eine erste Schiebebühne auf die Besonderheiten der "weichenlosen" Pilatus-Schienentechnik hin. Wenn die Triebwagen die Talstation auf 440 m ü.d.M. verlassen haben, empfiehlt sich deshalb ein Blick auf die linke Seite, wo eine spezielle Gleisführung die Verbindung zur Werkstätte und zur Remise schafft. Hier waren auch die beiden letzten Dampftriebwagen eingestellt, bevor sie 1976/82 an die Museen in Luzern und München übergeben wurden. Die Depotgebäude liegen wie die meisten Anlagen der Pilatusbahn im Gelände versteckt.

Der steile Aufstieg

Die maximale Steigung von 480‰ wird bereits kurz nach der Abfahrt erreicht. Damit auch die Fahrgäste die Steilheit der Trasse beurteilen können, sind an einigen Fahrleitungsmasten gelbe Hinweisschilder mit den aktuellen Neigungswerten angebracht. Im Obseewald klettert der Triebwagen mit max. 12 km/h höher und höher. Die engen Baumreihen gestatten nur wenige Blicke hinunter zum Alpnacher Becken des Vierwaldstättersees. Wegen der Rekordsteigung dürfen die Triebwagen keine Anhängefahrzeuge oder Vorstellwagen mitführen. Sie fahren aus technischen Gründen immer einzeln, wobei bei entsprechender Nachfrage mehrere Fahrzeuge in Gruppen auf Sicht verkehren.

Nach rund 1300 m Streckenlänge wird an der einst zum Wasserfassen benutzten Dienststelle Wolfort (890 m ü.d.M.) vorbeigefahren. Über einen Mauerbogen mit 25 m Spannweite überquert die Zahnstangenstrecke den nach dem Wolfortbach benannten Viadukt. Wie die ganze gemauerte Trasse präsentiert sich auch dieses Bauwerk immer noch in Ursprungszustand von 1889. Welch ein Zeugnis der soliden Arbeit un-

(Fortsetzung auf Seite 68)

Bild 114: Die Station Alpnachstad um 1900. Der rechte Triebwagen ist abfahrbereit, und der linke ist vom Berg zurückgekehrt. Das obere Fahrzeug wird mit Kohle versorgt.

Bahntechnik der Pilatusbahn

Die Fahrbahn

Wichtigster Bestandteil des Antriebs der Pilatusbahn ist die Zahnstange, deren Zähne aus dem stählernen Flachstab beidseitig paarweise herausgefräst wurden. Aus Rücksicht auf eine mögliche Materialdehnung bei extremen Temperaturschwankungen sind die gezahnten Schienenstücke nur 3 m lang. Bei einer Gleislänge von insgesamt 4,618 km ergibt dies in 86-mm-Teilung fast 54 000 Zahnpaare.

Während sich die Fahrzeuge mit zwei horizontal liegenden und gegeneinander rotierenden Zahnrädern vorwärtsschrauben, greifen unter den Zahnkränzen die Führungsscheiben ein. Sie verhindern das Hochsteigen des Antriebs, was bei den grossen Steigungen unweigerlich eine gefährliche Entgleisung zur Folge hätte.

Der Nachteil dieser Antriebstechnik liegt darin, dass keine Weichen befahren werden können. Die Pilatus-Zahnradbahn muss sich deshalb zum Gleiswechsel mehrerer Schiebebühnen bedienen. Findige Konstrukteure fanden dafür selbst bei knappen Platzverhältnissen eine Lösung: Bei der Gipfelstation Pilatus Kulm bestehen seit 1964 zwei Gleiswendeplatten. Die Plattform wechselt durch Umklappen ihre Oberfläche und stellt so wahlweise eine Verbindung zum rechten oder linken Bahngleis her.

Die Dampftriebwagen

Ihre Konstruktion galt damals als grosse Pioniertat der Schweizer Maschinenindustrie. Gemeinsam mit Eduard Locher entwickelte die SLM Winterthur 1885/86 ausschliesslich für die Pilatusbahn einen ungewöhnlichen Triebwagentyp. Lok und Personenabteile wurden auf einem durchgehenden kastenförmigen Rahmen vereinigt. Dieser ruht dreipunktgelagert auf zwei Laufachsen und trägt gleichzeitig den Wasserspeicher (Tender). Wegen der grossen Steigung ist der Dampfkessel quer zum Gleis angeordnet. Unter ihm liegt eine Zweizylinder-Maschine, die ihre Bewegungen über ein Vorgelege mit Kegelrädern auf die beiden liegenden Antriebszahnräder überträgt, die bei der talseitigen Achse seitlich in die Stange eingreifen.

Auf dem vorderen Teil des Fahrgestells war ein hölzerner Wagenkasten mit vier Abteilen befestigt, in denen je acht Personen Platz fanden.

Der elektrische Betrieb

Nach über 50 Jahren Dampfbetrieb entschied sich die Pilatusbahn 1937 für die Elektrotraktion. Wieder konstruierte die SLM Winterthur den mechanischen Teil der neuen Triebwagen, der technisch mit den kohlegefeuerten Vorgängern verwandt ist. Abermals wurde der Antrieb talseitig untergebracht. Ein längsgerichteter Gleichstrom-Zwillingsmotor erzeugt die Leistung, die auf zwei aufrechtstehende Triebachsen übertragen wird. An deren unteren Enden sitzen die zwei Antriebszahnräder nach System Locher.

Die zwei Zahnräder im oberen Bremsgetriebe hingegen werden bei der Bergfahrt mitgeschoben. Sie dienen zum Bremsen während der Talfahrt. Auch beim elektrischen Triebwagen sind die auf den Schienen laufenden Achsen nicht angetrieben. Die Elektroausrüstung stammt aus den Werkstätten der Maschinenfabrik Oerlikon (MFO). Die Spannung von heute 1650 V Gleichstrom wird über den Fahrdraht zugeführt. Ursprünglich durften den beiden in Serie geschalteten Fahrmotoren nur je 1500 V zugemutet werden.

Erwähnenswert sind auch die unabhängigen Bremssysteme: Eine in Band-Klotz-Bauweise erstellte Getriebebremse wirkt bei Bergfahrt auf dem talseitigen Zahnradpaar und kann mit Handkurbeln von den beiden Führerständen aus bedient werden. Die bergseitigen Zahnräder sind hingegen mit Klinken-Bremstrommeln verbunden, die bei der Fahrt zum Kulm den Triebwagen durch eine Sperrmechanik am Zurückrollen hindern. Verkehren die Fahrzeuge in Richtung Alpnachstad, dient die elektrische Widerstandsbremse als Betriebsbremse und die bereits erwähnte Klinkenbremse als zusätzliche Sicherheitsbremse.

Die Bremsenergie wird mit Widerständen vernichtet. Eine Rekuperation mit Rückgabe an die Fahrleitung ist nicht möglich, weshalb auch die Stromabnehmer während der Talfahrt eingezogen bleiben.

Weitere technische Einzelheiten über das Rollmaterial finden Sie im Kapitel "Betriebsmaschinendienst" (Seite 72 ff).

Bild 110 (ganz links): Der erste, 1886 abgelieferte Dampftriebwagen Bhm 1/2 Nr. 1 wurde sofort als Bauzug eingesetzt.

Bild 111 (links): Der aufwendige Bau erforderte einen harten körperlichen Einsatz der Arbeiter. Gefährlich war besonders der Ausbruch der Traverse in der Eselswand.

Bild 112 (darunter): Im Jahre 1887 war der Wolfortviadukt noch mit einem Lehrgerüst abgestützt.

Bild 113: Der Triebwagen transportierte auch die Arbeiter zu den Baustellen. Hier der Aufstieg der Strecke bei Alpnachstadt. Gut sichtbar sind die im gemauerten Unterbau verankerten Schwellen mit den Schienen und der Zahnstange. **Abb. 110 bis 113: Archiv PB**

Bahngesellschaft fand am 29. März 1886 in Luzern statt. Die anschliessende Zeichnung von Anteilscheinen brachte überraschend gute Resultate: Mit einem Aktienkapital und Obligationsanleihen von insgesamt fast 3 Mio sFr war der finanzielle Grundstock bald gelegt. Die beiden Pioniere Eduard Locher und Eduard Guyer tauschten ihre Konzession gegen einen Bauvertrag ein. Sie garantierten ihren Geldgebern, die Zahnradbahn zum Pilatus Kulm innerhalb von drei kurzen Bergsommern (also in rund 400 Arbeitstagen) zu errichten.

Im April 1886 begann man mit den ersten Erdbewegungen. Bald standen neben zahlreichen einheimischen Arbeitskräften bis zu 600 grösstenteils italienische Maurergesellen an der geplanten Strecke im Einsatz.

Mangels Zufahrtswegen entschied sich die Bauherrschaft, die Schienentrasse von Alpnachstad aus nach der Domino-Methode aufzumauern: Steinblock um Steinblock fügten die Arbeiter aneinander. Der Unterbau diente sofort nach dem Austrocknen als Fahrweg für den Nachschub an Baumaterial. Auch die Gleise und Zahnstangen wurden raschestmöglich montiert.

Noch im Sommer 1886 traf dann der erste von der SLM Winterthur konstruierte Dampftriebwagen des Typs Bhm 1/2 ein, der unverzüglich den Lasten- und Personaltransport von Alpnachstad zur vordersten Baufront übernahm. Von dort wurden die schwer zugänglichen Stellen mit Maultieren und Trägern bedient.

Als wichtigstes Brückenbauwerk der Strecke darf der Übergang über die Wolfort-Schlucht bezeichnet werden. Diese heikle Stelle bezwangen die Ingenieure mit einem Viadukt, der sich auf einem kühnen Bogen mit 25 m Spannweite abstützt.

Eine besondere Herausforderung stellte die Durchquerung der fast senkrecht aufragenden Eselswand im obersten Streckenabschnitt dar. Es mussten mehrere kurze Tunnels in den grauen Kalkstein getrieben werden. Neuzeitliche Baumethoden unter Einsatz von Bohrmaschinen konnten dort wegen Wassermangels nicht eingesetzt werden. Auf schmalen Simsen und an aufgehängten Brettern wagten sich schwindelfreie Facharbeiter in die gefährlichen Felspartien, um mit Fäustel und Meissel die Bohrlöcher für die Sprengungen vorzubereiten. So fand dann schliesslich auch hier der Schienenstrang seinen projektierten Weg in Richtung der Bergstation Pilatus Kulm auf 2073 m ü.d.M. ohne Verzögerungen.

Erster Bahnbetrieb

Der erste Reisezug fuhr am 17. August 1888 mit Verwaltungsratsmitgliedern bergwärts. Diese Vertreter der über 400 Aktionäre wollten sich persönlich vom einwandfreien Funktionieren der fast fertiggestellten Bahnanlage überzeugen. Bereits am 17. Mai 1889 fand die offizielle Kollaudation statt, während der Fahrplanbetrieb am 4. Juni aufgenommen wurde. Für Eröffnungsfeiern fehlte aber die Zeit, strömten doch die Gäste sofort in grossen Massen nach Alpnachstad, um das technische Meisterwerk der steilsten Zahnradbahn der Welt zu bewundern.

Im ersten Betriebsjahr (innerhalb von sechs Monaten) führte die Pilatus-Bahngesellschaft 1477 Züge mit insgesamt 36 892 Passagieren. Die acht Dampftriebwagen waren zeitweise völlig ausgelastet. Ganze 70 Minuten dauerte damals die Bergfahrt, und talwärts waren die Fahrzeuge sogar 90 Minuten unterwegs.

Zur Verstärkung des Rollmaterials konnte Ende 1889 ein bei der Weltausstellung in Paris ausgestellter Triebwagen gleichen Typs dazugekauft werden. Ihm folgte einige Monate später ein weiteres baugleiches Fahrzeug, das direkt aus den Werkstätten der SLM Winterthur bezogen wurde.

Im Anschluss an die erste erfolgreiche Betriebssaison liess die Bahngesellschaft die Eröffnungsfeier nachholen und die Erbauer in der Weltpresse in verdienter Weise hochleben.

Alpnachstad um 1890

Der kleine Ort am See wurde für kurze Zeit zu einem Verkehrsknotenpunkt. Dampfschiffe legten am dortigen Steg an und brachten die Touristen aus Luzern an den Fuss des Pilatus-Aussichtsberges. Der Zufall meinte es mit den Betreibern der Zahnradbahn besonders gut. Gleichzeitig zur Eröffnung ihrer Trasse nahm nämlich auch die meterspurige Brünigbahn ihren durchgehenden Betrieb von Luzern nach Meiringen und Brienz auf, von wo eine Schiffsverbindung die Reisenden nach Interlaken und weiter bis Thun beförderte. Damit führte eine touristisch attraktive Bahnstrecke am Pilatus vorbei, und auch Flüelen an der 1882 eröffneten Gotthardbahn war bequem per Schiff über den Vierwaldstättersee zu erreichen.

Es muss ein besonderer Anblick gewesen sein, wenn in Alpnachstad die drei unterschiedlichen Verkehrsmittel auf Fahrgäste warteten: Der Raddampfer am Steg vertäut, die kleine G 3/3-Dampflok mit ihren Zweiachswagen am Brünig-Bahnsteig und die zwei bis drei Triebwagen der Pilatusbahn in der schiefen Ebene am Hang bei der im "Laubsägestil" erbauten Talstation.

Bau der Pilatusbahn

Eigentlich sollten die Pilatus-Aussichtsgipfel (1907 bis 2118 m ü.d.M.) von der vielbesuchten Touristenstadt Luzern aus erschlossen werden. Dies wäre aber aus topographischen Gründen nur über ein schwebendes Seil möglich gewesen. Und diese Technik war in den achtziger Jahren des 19. Jahrhunderts noch nicht entwickelt. Die erste zur Personenbeförderung bestimmte Seilschwebebahn der Welt wurde nämlich erst 1908 am Wetterhorn (oberhalb von Grindelwald) in Betrieb genommen.

Von Alpnachstad aus schien die Bezwingung des Bergmassivs aber möglich. Die Eröffnung der beiden Rigi-Bahnen in den Jahren 1871 und 1875 gab den Erschliessungsplänen am Pilatus starken Auftrieb. Ein erstes Projekt einer max. 250‰ steilen normalspurigen Zahnradbahn nach dem System Riggenbach liess sich jedoch aufgrund der aufwendigen Trassierung nicht finanzieren. Es blieb folglich dem vielseitig ausgebildeten Ingenieur Eduard Locher vorbehalten, die technische Realisierung mit vertretbaren Baukosten entscheidend voranzutreiben.

Neues Zahnstangensystem

Vorerst erdachte Eduard Locher ein futuristisches Projekt einer Einschienenbahn, die auf einem aufgestelzten Stahlbalken über das steile Gelände verkehren sollte. Auf der Balkenoberfläche waren zwei schrägverzahnte Stangen aufgeschraubt, in die die Antriebszahnräder der Dampflokomotiven eingreifen konnten. Seitlich angebrachte Rollen sollten die Zugkompositionen auf der kastenförmigen Schiene halten. Damit wollte man Entgleisungen und ein Überspringen der Zähne auch bei grossen Steigungen ausschliessen.

Das talseitig gekuppelte Triebfahrzeug hätte über zwei parallel zum Stahlbalken liegende Kessel mit Dampf versorgt werden sollen. Für den Antrieb war eine Zweizylinder-Dampfmaschine vorgesehen, deren Leistung über ein Vorgelege zu den Zahnrädern übertragen werden sollte.

Verschiedene Hindernisse verunmöglichten aber die Realisierung dieses auch heute noch ungewöhnlichen Projekts. Aus seiner allzu kühnen Idee entwickelte Ingenieur Locher schliesslich sein nach ihm benanntes Antriebssystem mit horizontal eingreifenden Zahnrädern.

Der Durchbruch gelang ihm mit überarbeiteten Plänen: Er kombinierte sein Einschienen-Verkehrsmittel mit dem Ober- und Unterbau herkömmlicher Eisenbahnen. Eine stark verkleinerte Spurweite von 800 mm ermöglichte die Reduktion der Kurvenradien auf 80 m. Spezielle bauliche Vorkehrungen sollten die Betriebssicherheit gewährleisten: Damit die Gleise den gewaltigen Kräften der berg- und talwärtsfahrenden Triebwagen standhalten konnten, musste die 4,62 km lange Trasse ausnahmslos mit Felsgestein aufgemauert werden. Auf diesen soliden Unterbau sollten die Stahlschwellen zu liegen kommen, die mit Rundeisen am Mauerwerk zu verankern waren. Der bereits erwähnte stählerne Flachstab mit den seitlichen Zahnkränzen sollte wie bei anderen Bahnen in der Mitte zwischen den beiden Schienen befestigt werden.

Die Projektverfasser sahen einen solide fundierten Schienenstrang auf einem teilweise mit Granitplatten gedeckten, 114 cm breiten Mauerband vor, das sich nahtlos an Brücken schmiegte und von den Alpwiesen in die sehr steilen Fels- und Tunnelpartien übergehen sollte.

Der Bau beginnt

Es ist der grossen Überzeugungskraft von Eduard Locher zu verdanken, dass die Behörden seine Bau- und Konstruktionspläne rasch prüften und die Konzession bereits am 24. Juni 1885 erteilten. Die Gründungsversammlung der Pilatus-

Projekte der Pilatus-Zahnradbahnen

System		Riggenbach	Locher
Konzessionsgesuch		1873	1885
Betriebslänge	m	8738	4618
Steigung (max.)	‰	250	480
Spurweite	mm	1435	800
Kurvenradius	m	180	80
Baukosten (sFr)	Mio	3,0	1,9

Aigle – Leysin (1900), Furka – Oberalp (1914/26), Leuk – Leukerbad (1914) und die Schöllenenbahn (1917).

Über Abt-Zahnstangen verfügen auch die Schafsberg- und die Schneeberg-Bahn in Österreich und zahlreiche weitere Strecken auf dem Globus. So auch die höchste Zahnradbahn der Welt, die 1890 eröffnete Manitou & Pike's Peak Cog Railway im US-Staat Colorado. Sie klettert mit 250‰ Steigung zur 4298 m hohen Bergspitze hoch. Nach dem System Abt wurden insgesamt zwölf Bahnen in der Schweiz und 61 Strecken in aller Welt mit einer Gesamtlänge von 1702 km errichtet. Davon waren 573 km mit einer Zahnstange ausgerüstet. Etwa 400 Lokomotiven wurden mit Abt-Zahnrädern betrieben. Ausserdem bedienten sich 15 Standseilbahnen zum Bremsen einer sicheren Lamellen-Zahnstange.

Das System Strub

Auch der Bahnpionier Emil Strub (1858 bis 1909) absolvierte seine Mechanikerlehre bei Niklaus Riggenbach in Olten. Als Kontrollingenieur für Bergbahnen beim Eidg. Eisenbahndepartement hatte er verschiedenste Konzessionsgesuche zu prüfen. Er beteiligte sich selber an einem Projekt zur Erschliessung der Bergriesen Eiger und Jungfrau, das dann aber durch die 1898 bis 1912 realisierte Zahnradbahn des Adolf Guyer-Zeller überflüssig wurde. Dennoch entwickelte er für die Jungfraubahn eine neue, wesentlich einfachere Zahnstange. Sie besteht aus einer gewalzten Stahlschiene mit breitem Fuss und konischem Kopf. Die dort ausgefrästen Zähne sind je nach Grad der Beanspruchung 62 oder 70 mm breit.

Als selbständiger Ingenieur erhielt Strub ab 1898 zahlreiche Projektaufträge in der Schweiz oder im benachbarten Ausland. Die nach ihm benannte Zahnstange fand Verwendung als Bremshilfe bei den Standseilbahnen Vevey – Mont-Pèlerin, Sacré-Coeur in Paris, Mendelpassbahn bei St. Anton im Tirol, Virgolo- und Rittnerbahn bei Bozen, Vesuvbahn bei Neapel usw. Ausserdem beteiligte er sich beim Bau der Zahnradbahnen Brunnen – Morschach, Gais-Altstätten-Bahn, Martigny – Châtelard, Chamonix – Montenvers/Mer de Glace, St-Gervais – Le Fayet – Glacier de Bionnassay (am Montblanc), Monthey – Champéry usw. In den elf Jahren bis zu seinem allzu frühen Tod im Jahr 1909 erstellte Emil Strub insgesamt zwölf Zahnradbahnen und sieben Standseilbahnen.

Das System Locher

Die von Eduard Locher-Freuler (1840 bis 1910) für grosse Neigungen entwickelte Zahnstange fand bisher nur bei der Pilatusbahn Anwendung. Sie besteht aus einem Flachstab, in dem die Zähne beidseitig ausgefräst wurden. Dort greifen die horizontal angeordneten Zahnräder der Triebwagen ein. Das System ermöglicht Steigungen von bis zu 480‰.

Bild 108: Die untere Achse mit dem Antrieb ab der Dampfmaschine und die bergseitige Achse mit der Bremsausrüstung (Modell). In Wirklichkeit sind die Achsen getrennt.

Bild 109: Die Dampftriebwagen Bhm 1/2 galten als technische Besonderheit. Die zwei talseitig arbeitenden Antriebszahnräder lagen direkt unter dem quer zum Gleis angeordneten Dampfkessel. Die zweite Achse mit den Bremszahnrädern rollte bergseitig unter dem abgefederten Wagenkasten (Aufnahme 1966). **Abb.: Ch. Lüber**

Bild 105: Statt Weichen verwendet die Pilatus-Zahnradbahn zum Gleiswechseln vor allem Schiebebühnen. Auf Pilatus Kulm werden zwei Schienenstücke seit 1964 mit einer Wendeplatte verbunden.

Bild 106: Antriebsdrehgestell eines Bhe 1/2 der Pilatusbahn. Vorne die Laufachse, unter dem Elektroantrieb drehen die beiden liegenden Zahnräder in der Zahnstange. **Abb.: K. Bieri**

Eduard Locher-Freuler (1840 bis 1910)

Der Erbauer der Pilatusbahn weist eine völlig andere Biographie als der 23 Jahre ältere Rigi-Pionier Niklaus Riggenbach auf: Eduard Locher begann seinen beruflichen Werdegang als Konstrukteur von Textilmaschinen und als Webereimeister. Dem Eintritt in die väterliche Baufirma folgte eine Zusatzausbildung als Tiefbau-Ingenieur. Er arbeitete gemeinsam mit seinem Bruder Fritz als Generalunternehmer für die Projektierung und Realisierung verschiedenster grosser Bauvorhaben im In- und Ausland (wie Prunkhäuser, Fabriken, Kraftwerke, Staumauern, Wasserwerke, Flusskorrekturen, Brücken usw.).

Die beiden Fachleute wirkten auch massgebend beim Schweizer Eisenbahnbau mit, so an der Gotthard-Nordrampe, bei der Rhätischen Bahn, bei der Schweiz. Südostbahn (SOB), der Sihltalbahn (SZU) sowie bei der Stansstad-Engelberg-Bahn (StEB) und der ehemaligen Strassenbahn im Glarner Sernftal. Eine massgebliche Mitarbeit ist auch beim 1906 eröffneten Simplontunnel nachgewiesen. Eduard Locher brachte dank seiner umfassenden Kenntnisse als Maschinenkonstrukteur und Bauingenieur wichtige Innovationen in die Schweizer Wirtschaft ein.

Bis heute blieb die Firma Locher & Co. dem Eisenbahnbau treu. So wirkte die Unternehmung bei der Realisierung des Käferberg- und Heitersbergtunnels sowie der S-Bahn in der Region Zürich mit. In sechster Generation beteiligt sie sich jetzt aktiv an den Zukunftsprojekten der Bahn 2000 und des AlpTransits Gotthard. Dieser geplante 57 km lange Basistunnel unter dem Alpenmassiv wird im Moment durch den Ausbruch zweier Probestollen bei Biasca und Sedrun geologisch erforscht.

Bild 107: Eduard H. Locher, der Erbauer der bis zu 480‰ steilen Pilatus-Zahnradbahn. **Abb. 105, 107 und 108: Archiv PB**

ne 1863 in Paris erteilte Patentschrift vorweisen, sonst wäre es wohl zu einem Urheberrechtsprozess gekommen. Auch wenn das ursprüngliche Konzept von Marsh stammen sollte, der versierte Schweizer Dampflok-Konstrukteur entwickelte daraus weitere Lokgenerationen für den Zahnradantrieb, die mit ihrer laufend verbesserten Technik zu verblüffenden Leistungen fähig waren.

Wie in Amerika bewährten sich die Stehkesselloks auch in der Schweiz nicht. Entsprechend einer Neukonstruktion für die 1875 eröffnete Kahlenbergbahn in Wien lieferte Riggenbach der Arth-Rigi-Bahn (ARB) und der Rorschach-Heiden-Bahn (RHB) im gleichen Jahr Bergloks mit liegenden Kesseln. Ebenfalls erfolgreich war Riggenbach mit dem Lokbau für den kombinierten Betrieb Adhäsion/Zahnrad und bei der Errichtung von Standseilbahnen unter Verwendung von Bremszahnstangen. Allein zwischen 1884 und 1889 entstanden aufgrund seiner Projekte zwölf reine Zahnradbahnen, elf gemischte Bergbahnen und elf Standseilbahnen. Bis zu seinem Tod 1899 verwirklichte er in aller Welt über 700 km Gleisanlagen, davon 235 km mit reinem Zahnradantrieb.

Das System Abt

Als junger Maschineningenieur lernte Roman Abt (1850 bis 1933) bei seinem Vorgesetzten Niklaus Riggenbach in Olten und Aarau das Bahnbau-Metier kennen. Er entwickelte 1882 ein eigenes Zahnstangensystem, das aus zwei oder drei parallel geführten Lamellen mit gegenseitig versetzten Zähnen besteht. Es gewährleistet eine ruhigere Fahrt. Erstmals zum Einsatz kam diese dreifache Lamellen-Zahnstange 1886 bei der Brockenbahn auf den 1142 m hoch gelegenen Paradeberg im Harz. Mit 35 Jahren gründete Abt ein eigenes Büro für Projektierung und Ausführung in Luzern. Vorerst baute er zwei Werkbahnen mit gemischtem Betrieb in Thüringen, dann eine reine Zahnradbahn in Venezuela.

Zu seiner Zahnstange konstruierte die SLM Winterthur zahlreiche leistungsfähige Loktypen. Als Referenzanlage in der Schweiz gelten die Meterspurbahnen Visp – Zermatt (1891 eröffnet) und Zermatt – Gornergrat (1898). Dann folgte die Monte Generoso-Bahn (1890), die Brienz-Rothorn-Bahn (1892), die Montreux – Glion – Rochersde-Naye-Bahn (1891/1909) sowie die Bahnen Bex – Villars – Bretaye (1899/1905),

Bild 102: Speziell für die steilste Zahnradbahn der Welt am Pilatus entwickelte Eduard Locher die "Fischgräte"-Zahnstange mit horizontalem Eingriff von zwei liegenden Zahnrädern. **Abb. 96 bis 98 und 102: B. Moser**

Bild 103: Die erste mit Zahnstangenantrieb ausgerüstete Bergbahnlok der Welt beförderte ab 1869 Fahrgäste zum Mount Washington im Staat New Hampshire (USA). Sie hat Ähnlichkeit mit den wenig später gebauten Stehkessellloks der Vitznau-Rigi-Bahn. Sie stand zwölf Jahre im Regeldienst, ist heute nicht mehr betriebsfähig und steht als Denkmal in der Marshfield Base Station (nahe Bretton Woods). **Abb.: J. Laege**

wurde Niklaus Riggenbach auf Sylvester Marsh und seine Bergbahn aufmerksam. Er entsandte sofort seinen Ingenieur Otto Grüninger nach Amerika, der mit einer detaillierten Projektbeschreibung in die Schweiz zurückkehrte. Aufgrund dieser Unterlagen konnte er das bereits früher und unabhängig von Marsh ausgearbeitete Rigibahn-Projekt noch technisch verfeinern. Besonders bei der Konstruktion der Stehkessellloks H 1/2 1 bis 10 soll Riggenbach von den Erfahrungen des amerikanischen Bahnbauers profitiert haben. Dies beweist die grosse Ähnlichkeit der Fahrzeuge, soweit man eine funktionale Experimentalmaschine mit einer durchkonstruierten Serienlok überhaupt vergleichen kann. Glücklicherweise konnte Riggenbach sei-

Niklaus Riggenbach (1817 bis 1899)

Der Eisenbahnpionier wurde am 21. Mai 1817 in Gebweiler (Elsass) geboren. Nach dem frühen Tod des Vaters zog die neunköpfige Familie nach Basel. Niklaus begab sich auf Wanderschaft nach Frankreich. Hingezogen zum Maschinenbau, arbeitete er zuerst in Lyon in einer Seidenstoffweberei, dann absolvierte er in Paris ein berufsbegleitendes Studium der technischen Fächer.

Anlässlich der Eröffnung der Bahnstrecke Paris – St. Germain faszinierte ihn die vorgestellte Dampftraktion derart, dass er sich 1840 dem Lokomotivbau zuwandte. Seine erste Wirkungsstätte fand er bei der Maschinenfabrik Kessler in Karlsruhe, wo er bald zum Geschäftsführer aufstieg. Er war dort an der Konstruktion von über 150 Lokomotiven beteiligt. Zur Erprobung der für die Schweizerische Nordbahn bestimmten Maschine D 2/3 Nr. 1 "Limmat" kam er 1847 nach Zürich und stand bei den Testfahrten der ersten Eisenbahn persönlich im Führerstand. Er gilt damit als erster Schweizer Lokomotivführer.

Im Februar 1853 wählte ihn die soeben gegründete Schweiz. Centralbahn (SCB) zum Chef der Maschinenwerkstätte. Nach Studienreisen in Österreich und Grossbritannien übernahm er 1856 die Leitung der SCB-Hauptwerkstätte in Olten. Dort verliessen bald viele eigenkonstruierte Dampfloks, Eisenbahnbrücken, Drehscheiben, Depotausrüstungen usw. die Fabrikhallen. Aufgrund der Erfahrungen an der alten Hauenstein-Adhäsionsstrecke (Sissach – Läufelfingen – Olten) mit ihren 26‰-Rampen entwickelte er das nach ihm benannte Zahnstangensystem für Bergbahnen. Lange bevor Riggenbach von den zeitgleichen Studien des Amerikaners Sylvester Marsh Kenntnis hatte, erhielt er am 12. August 1863 in Paris den Patentschutz. Ohne Zweifel hatten zwei findige Köpfe gleichzeitig und unabhängig voneinander ähnliche technische Lösungen zur Bewältigung grosser Steigungen erarbeitet.

Im Eröffnungsjahr der Mount-Washington-Bahn (1869) erhielt Riggenbach die Konzessionszusage für den Bau der Vitznau-Rigi-Bahn, die nach ihrer erfolgreichen Fertigstellung seinen Ruf als Bahnbauer in die ganze Welt hinaus trug. Als sein Meisterstück gilt auch die 1871 konstruierte erste Lok der Welt für kombinierten Antrieb. Sie trug den Namen "Gnom" und leistete in den Steinbrüchen bei Ostermundigen Dienst.

Die von Riggenbach 1873 mitbegründete Internationale Gesellschaft für Bergbahnen (IGB) in Aarau erhielt den Bauauftrag für die Arth-Rigi-Bahn, die ihren Betrieb 1875 aufnehmen konnte. Weitere ähnliche Projekte in der Schweiz folgten (so auch die Rigi Kaltbad-Scheidegg-Bahn). Durch die Wirtschaftskrise blieb der IGB-Unternehmung der Erfolg jedoch versagt, weshalb sie wenige Jahre nach ihrer Gründung liquidiert werden musste. Bis dahin waren in Aarau zwölf Dampfloks gebaut worden.

Niklaus Riggenbach betätigte sich ab 1880 als selbständiger Ingenieur, reiste in ferne Länder und beriet dort die Bahnbauer bei ihren Projekten. Mit Ausnahme von Australien hatte er bei seinem Tod am 25. Juli 1899 alle Kontinente besucht. Sein Zahnstangensystem verwenden heute noch zehn grössere Schweizer Bahnen. Niklaus Riggenbach projektierte aber auch Bergwerksbahnen und wirkte bei Flusskorrekturen mit.

Bild 104: Niklaus Riggenbach, der Erbauer der beiden Rigi-Zahnradbahnen. **Abb.: RB**

Bild 96: Sein System mit "Leiterzahnstange" liess Niklaus Riggenbach 1863 in Paris patentieren. Die Sprossen werden einzeln in die Winkeleisen eingenietet.

Bild 97: Roman Abt entwickelte eine Zahnstange mit ruhigerem Lauf. Drei Zähne des Zahnrades greifen gleichzeitig in die Zahnreihen der beiden seitlich versetzten Lamellen.

Bild 98: Die Zahnköpfe nach Strub ermöglichen den Einsatz von Sicherheitszangen, die Aufsteigen und seitliches Abgleiten des Zahnrades verhindern.

Die Geschichte des Zahnradantriebs

Die ausländischen Erfinder

Als Pioniere des Zahnradantriebs bei den Eisenbahnen gelten der Engländer John Blenkinsop (1783 bis 1831) und der Amerikaner Sylvester Marsh (1803 bis 1884). Der Erfinder aus Grossbritannien liess eine Schiene giessen, die an ihrem Fuss auf der Aussenseite horizontale Zapfen aufwies. Dort griff das beidseits der Lokomotive angebrachte Triebzahnrad ein. Dieses bereits 1811 patentierte System wandte er bei seiner eigenen Grubenbahn an, um die Kohlenwagen auch auf Steigungen bis zu 65‰ befördern zu können.

Die Idee gelangte bald auch auf den amerikanischen Kontinent, wo sich z.B. die Madison-Indianapolis-Bahn zwischen 1847 und 1868 auf ihrer bis zu 63‰ steilen Strecke einer neuartigen, zwischen den Schienen montierten Zahnstange bediente. Sylvester Marsh legte zur Erschliessung des Mount Washington (1917 m ü.d.M.) im US-Staat New Hampshire eine verbesserte Konstruktion vor. Nun waren runde Stahlstäbe horizontal zwischen zwei Winkeleisen vernietet und auf zwischen dem Schienenpaar verlaufenden hölzernen Längsschwellen aufgeschraubt.

Die Baugenehmigung erhielt Marsh bereits im Jahr 1858, konnte aber aus finanziellen Gründen erst 1866 mit der Errichtung der 4,83 km langen, um bis zu 377‰ ansteigenden Bahnstrecke beginnen. In Boston liess er eine ungewöhnliche, 4 t schwere Lokomotive mit einer Zweizylinder-Dampfmaschine erbauen, die trotz ihrer sehr einfachen Konstruktion die damals an sie gestellten Anforderungen hinreichend erfüllte. Sie leistete rund 45 PS und trug einen drehbar aufgehängten stehenden Kessel, um den Wasserstand möglichst ruhig zu halten.

Die Zahnradbahn zum Mount Washington nahm am 3. Juli 1869 ihren Betrieb mit zufriedenstellenden Ergebnissen auf. Die erwähnte Stehkessellok Nr. 1 "Hero" stand dort bis 1881 im Regeldienst und ist heute beim Talbahnhof als Denkmal aufgestellt. Auch in heutiger Zeit wird dort der gesamte Fahrplanbetrieb ausschliesslich von Vierzylinder-Dampfloks (132 PS) mit zweiachsigem Schlepptender abgewickelt.

Das System Riggenbach

Der Schweizer Konsul Hitz besichtigte 1867 die Baustelle am Mount Washington und sandte einen Bericht an die Bundesregierung in Bern. Er regte eine ähnliche Anlage für die steile Verbindung von Ouchy am Genfersee zur Stadt Lausanne an. Dadurch

Bild 99: Aufwendig und teuer sind die Zahnstangenweichen, die von den Gleisbauern in Massarbeit gefertigt werden müssen (Bahnhof Rigi Kaltbad-First).

Bild 100: Zwei Zahnrad-Laufachsen mit den Bremstrommeln eines Elektrotriebwagens, während der Revision im Depot Vitznau aufgenommen. **Abb. 99 und 100: K. Bieri**

Bild 101: Antriebs- und Bremszahnräder des Triebwagens laufen in der Zahnstange und garantieren optimale Leistungsübertragung und höchste Betriebssicherheit. **Abb.: B. Hitz**

Rigi Kaltbad-Scheidegg-Bahn

Bahnhöfe	Höhe m ü.d.M.	km
Rigi Kaltbad	1441 m	0,000
First	1454 m	1,122
Unterstetten	1440 m	2,795
Scheidegg	1607 m	6,653

Steigung max.	50‰
Streckenlänge	6,653 km
Spurweite	1000 mm
Kleinster Kurvenradius	105 m
Tunnels/Länge	1/70 m
Grössere Brücken	3/73 m
Lokomotiven	G 3/3 1 bis 3 (SLM 1874)

Eröffnung
Kaltbad – Unterstetten	14.07.1874
Unterstetten – Scheidegg	01.07.1875
Betriebseinstellung	20.09.1931
Abbruch	1942/43

Fahrpreise 1902
Kaltbad – Scheidegg	sFr 2,50

einer weit entfernten Quelle gespeist wird. Pünktlich um 10.04 Uhr schiebt die 128 PS starke Lok ihren Wagen wieder an und wagt sich auf das 52 m lange zierliche Brückenbauwerk, das in 15 m Höhe auf drei Fachwerkpfeilern abgestützt ist. Beim Überqueren des schmalen Balkens ertönt ein von den Felsen widerhallendes Grollen. Wieder macht die Trasse eine Schleife nach Osten, überquert den Dossenbach und verschwindet kurz im 70 m langen Weisseneggtunnel.

Nun ist das Gleis fast durchwegs auf Böschungen oder in Einschnitten verlegt. Ein letztes Mal sind unten der Lauerzersee und das Dorf Goldau zu sehen. Mit 50‰ Maximalsteigung klettert die Komposition vom Fuss des Dossens zum Grat der Rigiflanke hoch, dem der Zug nun auf seiner verbleibenden Strecke folgt. Bei einer Höchstgeschwindigkeit von 20 km/h überrascht die wenigen Reisenden jetzt ein Panoramablick Richtung Süden auf den Vierwaldstättersee und die Alpenkette.

Um 10.24 Uhr erreicht die Komposition die Endstation Rigi-Scheidegg (1607 m) und kommt kurz vor der hölzernen Lokremise zum Stehen. Oberhalb des einfachen Endbahnhofs mit seiner Wartehalle thronen die Hotel- und Nebengebäude des Klima- und Badekurortes. Das Reisegepäck wird aus dem Abteil ausgeladen und in einer Pferdekutsche zusammen mit den Gästen über einen Serpentinenweg zur Nobelherberge mit ihren 300 Betten hochgebracht.

In Scheidegg besteht nur ein kurzes Ausweichgleis mit einer Weiche. Weder eine Wasserstation noch ein Kohlebunker stehen zur Verfügung. Nach wenigen Minuten Aufenthalt wird der Zug dann wieder nach Kaltbad zurückkehren. Anlagen für Unterwegskreuzungen auf der Strecke sind nicht vorhanden.

Bahnstrecke wird zum Wanderweg

In der Regel befuhren täglich fünf Zugpaare die Strecke. Die Fahrgastzahlen während der jährlich rund hundert Betriebstage betrugen jeweils zwischen 7000 und 10 000 Personen, und die Gütermenge umfasste rund 500 bis 1000 t. Mit Rücksicht auf die geringe Nachfrage wurde bereits 1896 ein zweiachsiger Flachwagen zum Personenwagen BF2 mit Längsbänken für 13 Sitzplätze umgebaut.

Während das Scheidegg-Hotel in den vierziger Jahren durch ein zweckmässigeres Berghotel ersetzt wurde, brannte das Grandhotel First 1948 ab. Das letzte Bahngebäude in Kaltbad wurde 1967 abgerissen, und das Stationsgebäude in Scheidegg fiel im April 1988 einem Feuer zum Opfer. Seit 1953 ist der Ferienort Scheidegg durch eine Luftseilbahn ab der ARB-Kreuzungsstelle Kräbel (oberhalb von Goldau) erschlossen.

Die schienenlose Trasse der Rigi-Scheidegg-Bahn blieb der Nachwelt erhalten und dient heute einschliesslich der Unterstetten-Eisenbrücke und dem Weissenegg-Tunnel als beliebter Wander- und Radweg. Im Winter tummeln sich hier die Langläufer auf einer sorgfältig präparierten Loipe.

Bild 92 (oben Mitte): Ein Arbeitszug mit Ziel Scheidegg fährt am felsigen Hang der Rigi-Südflanke entlang. **Abb. 91, 92, 94 und 95: Sammlung Hürlimann**

Bild 95 (oben rechts): Blick von Unterstetten auf Rigi Kulm. Die Komposition hat soeben den Würzenstock umfahren und nähert sich nun dem Dossen.

Bild 93: Die Eisenbrücke bei Unterstetten kann heute von Wanderern begangen werden. **Abb.: B. Hitz**

Bild 91 (ganz oben): Bei Unterstetten konnten die Fahrgäste kurz nach Rigi Kaltbad zurückblicken.

Bild 94: Rund 1100 m nach Abfahrt in Kaltbad führte die Trasse am 1948 abgebrannten First-Hotel vorbei.

tiven. Die Personen- und Güterwagen blieben vorerst noch in den Remisengebäuden in Kaltbad eingestellt und gelangten später zum Verkauf. Bis in die heutige Zeit erhalten geblieben ist nur noch der Personenwagen BF4 Nr. 4, der an der ehemaligen Trasse bei Unterstetten als Ferienhaus eine neue Verwendung fand.

Reisebeschreibung um 1902

In unmittelbarer Nähe der Gleise der Vitznau-Rigi-Bahn in Kaltbad-First (1441 m ü.d.M.) erwartet eine Komposition der RSB die umsteigenden Feriengäste. Die grüngestrichene Dampflok G 3/3 Nr. 1 "Scheideck" wartet hinter dem roten Sommerwagen BF4 Nr. 6 bei der hölzernen Wartehalle. Auf dem Ausweichgleis sind zwei mit Weinfässern beladene Flachwagen abgestellt.

Nach einem kurzen Pfiff setzt sich die Scheidegg-Bahn um 09.45 Uhr in Bewegung. Die kleine Dreikuppler-Lok trägt die SLM-Fabriknummer 32 und entstammt einer sehr erfolgreichen Serie, von der in Winterthur insgesamt 90 Stück in verschiedenen Spurweiten für das In- und Ausland gebaut wurden. Auch die ARB besass bekanntlich für ihre Talstrecke Arth a.See – Goldau eine Normalspurlok dieses Typs.

Wie üblich schiebt die G 3/3 ihren offenen Personenwagen über die geringe Steigung gegen die Haltestelle First (1454 m). Auch hier wacht der Schaffner vorne auf der Plattform über den Streckenverlauf und betätigt, wenn nötig, die Handbremse. Die Fahrzeuge sind mit Zentralpuffer und doppelter Schraubenkupplung verbunden. Eine durchgehende Bremse und eine Heizung des Personenwagens fehlen. Zur Beleuchtung muss der Schein von Petroleumlampen genügen.

Das Stationsgebäude und die Lok- und Wagenremisen in Kaltbad bleiben zurück. Nach 1,12 km hält der Zug vor einem einfachen Haltestellengebäude mit einer offenen Wartehalle. Hier verlässt ein Grossteil der Gäste den 70plätzigen Wagen, um zum Grandhotel First hochzusteigen oder über die Fahrstrasse nach Wölfertschen zu wandern, wo die ARB seit 1899 ihre Haltestelle First eingerichtet hat.

Hoch über dem Pfäderenwald verläuft die Schienentrasse an der Rigi-Ostflanke, wo der Wind die blauweissen Segeltuch-Vorhänge des Sommerwagens flattern lässt. Ähnlich wie bei der tieferliegenden ARB-Trasse bieten sich auch hier bei schönem Wetter zauberhafte Tiefblicke auf den Zugersee. Der Wallfahrtsort Klösterli ist aus der Vogelschau ebenfalls gut zu erkennen. In zwei weiten Kurven umfährt der Schienenstrang in kurzen Steigungen und Gefällen die Anhöhe Schild und den Würzenstock.

Bald taucht die Schweisseisen-Brücke bei Unterstetten auf. Bevor aber das Gleis auf dieses kühne Bauwerk übergeht, hat der Zug einen weiteren Halt. Mit mehreren Pfiffen schreckt der Lokführer die wartenden Personen auf, als wollte er sie von der Strecke verjagen. Nun braucht die Lok eine kurze Pause. Hier ist auf 1440 m ü.d.M. eine Wasserstation eingerichtet, die von

der Hotelgesellschaft Regina Montium um ihre Löhne bangen müssen. Die hohen Fahrpreise zwangen die Gäste zu Fussmärschen, während die Züge fast leer verkehrten. Im Jahr 1885 konnte die überzählige Lok Nr. 3 vermutlich an eine Bahnbau-Gesellschaft verkauft werden. Während des Ersten Weltkriegs übernahm die Vitznau-Rigi-Bahn die Betriebsführung und stellte fortan ebenfalls das Personal. Nachdem auch der 1929/30 versuchsweise eingeführte Winterbetrieb keine genügenden Frequenzen brachte, entschied man sich 1931 zur provisorischen Einstellung der Fahrplanfahrten für Reisende. Vereinzelte Züge verkehrten in den folgenden Jahren noch für Material- und Holztransporte. Nach dem Ausbruch des Zweiten Weltkriegs war das Todesurteil gesprochen. Der Mangel an Buntmetallen und Eisen führte zum schnellen Abbruch der Trasse und der zwei verbliebenen Lokomo-

Bild 86: Über die Fachwerkbrücke nähert sich am 11. Juli 1903 ein RSB-Dampfzug der Haltestelle Unterstetten. Panoramablick auf die vergletscherte Titlis-Gipfelkette.
Bild 88 (rechts): Die Siedlung Rigi Kaltbad mit dem Grandhotel am 18. Oktober 1881, davor die VRB-Trasse. Im Vordergrund die Meterspur-Gleisanlagen der RSB mit Betriebsgebäuden.
Bild 89 (rechts Mitte): Koloriertes Fahrplanplakat im Stil der Jahrhundertwende. Abb.: B. Hitz
Bild 90 (rechts unten): RSB-Güterzug aus der 17 t schweren G 3/3 Nr. 2 ("Kaltbad") und den drei einzigen Wagen für den Warentransport in Kaltbad-First 1875. Abb.: Archiv RB
Bild 87 (unten): An der Endstation in Rigi Scheidegg wurden die Hotelgäste und ihr Gepäck jeweils mit Pferdefuhrwerken abgeholt. Abb. 86 bis 88: Sammlung Hürlimann

Die Rigi Kaltbad-Scheidegg-Bahn

Die Gesellschaft "Regina Montium" als kurzzeitige Besitzerin einiger Grandhotels auf der Rigi suchte für ihre Betriebe möglichst bequeme Anschlussverbindungen an die seit 1871 erfolgreich betriebene Vitznau-Rigi-Bahn. Sie entschied sich deshalb zum Bau einer meterspurigen Adhäsionsbahn von Kaltbad via First nach Rigi Scheidegg. Die Projektierung und den Bau übertrugen die Hotelbetreiber der Internationalen Gesellschaft für Bergbahnen (IGB) in Aarau. Damit durften sich die erfahrenen Bahnbauer Zschokke und Riggenbach ein weiteres Mal an der Rigi bewähren.

Während die Erdarbeiter und Maurer die fast 7 km lange Trasse durch Wiesen und Felsen errichteten, entstanden in den Werkstätten der SLM Winterthur drei Dampfloks des Typs G 3/3. Gleichzeitig baute die Maschinenfabrik Fribourg drei vierachsige offene Personenwagen und drei Flachwagen für den Gütertransport.

Die Inbetriebnahme der Strecke von Kaltbad nach First fand am 14. Juli 1874 statt. Die Fortsetzung bis nach Rigi Scheidegg konnte am 1. Juli 1875 erstmals fahrplanmässig befahren werden. Die Betriebszeit beschränkte sich jeweils auf die Sommermonate Juni bis September. Die misslichen Wirtschaftsverhältnisse in aller Welt verhinderten einen geschäftlichen Erfolg des Bahnunternehmens. Bereits während des Baus hatten die Arbeiter wegen Konkurs

nen verschiedene Spezialaufbauten, die im Winter jeweils auf die zweiachsigen Flachgüterwagen aufgeschraubt werden. Inzwischen existiert sogar ein eigenkonstruierter Snowboard-Transportwagen. Die Pendelzüge tragen neuerdings seitlich unter den Fenstern angebrachte Skiträger.
Seit 1968 hilft nun auch die Luftseilbahn ab Weggis, den Ansturm zur winterlichen Rigi-Landschaft ohne unbeliebte Wartezeiten zu bewältigen. Das ideal gelegene, sonnenverwöhnte Familien-Skigebiet ist inzwischen international bekannt geworden. Der Ausbau der Schlepplifte und der Winterwanderwege sowie die herrliche Aussicht auf die Seen oder auf das Nebelmeer ermuntern viele Gäste zu erholsamen Urlaubstagen in Hotels oder Ferienwohnungen. Wenn dann auch noch die Schneemenge stimmt, kommen auch die Tagesausflügler in Scharen angereist. Den Langläufern steht übrigens eine Loipe offen, die auf der ehemaligen Trasse der Rigi-Scheidegg-Bahn (RSB) präpariert wird.
Von Dezember 1996 bis März 1997 wurden 73 082 Personen (VRB) und 131 564 Personen (ARB) befördert.

Die Schneeschleudern

Vielseitig einsetzbar ist die 1930 von SLM und MFO erbaute Lok He 2/3 Nr. 8 der ARB. Im Sommer leistet sie jeweils Dienst als Triebfahrzeug vor Verstärkungszügen. Nach Montage der Schleudereinrichtung arbeitet sie während der Wintermonate als zuverlässige Schneeräumerin. Sie kann ihre Aufgabe sowohl bei der Berg- als auch bei der Talfahrt erfüllen, da sich ihr Lokkasten auf dem Fahrgestell um 180° abdrehen lässt. Ihre äusseren zwei Achsen besitzen einen reinen Zahnradantrieb. Der Schnee wird mit zwei gegenläufigen Wurfrädern vom Gleis geräumt. Seitlich kann die Räumbreite mit ausfahrbaren Raffblechen begrenzt erweitert werden.
Die VRB hingegen baute ihre Schleuder in der eigenen Werkstätte in Vitznau. Den Fahrzeugrahmen trägt ein verlängertes Drehgestell eines ehemaligen RIC-Personenwagens der SBB, das mit einer Zahnradbremse und der Stoss- und Zugvorrichtung ergänzt wurde. Den Einbau des Deutz-Dieselmotors und die Einrichtung der Führerkabine übernahm R. Aebi (Regensdorf), während die Spezialisten von der M. Beilhack GmbH (Rosenheim) den Schleudervorbau mit zwei gegenläufigen Wurfrädern, entsprechenden Vorschneidepropellern und ausfahrbaren Raffblechen lieferten.

Bild 84 (oben): Nach der Inbetriebnahme ihrer Mehrzwecklok He 2/3 konnte die ARB im Hochwinter bei Bedarf sogar bis Rigi Kulm räumen. Schneeidylle in den fünfziger Jahren mit Blick auf den Staffel und zum Pilatus.
Bild 85: Bei allzu hohen Schneeverwehungen blieb selbst der stählerne Pflug stecken. Wohl oder übel muss hier am Fuss des Rotstockes zu den Spaten gegriffen werden.
Abb. 82 bis 85: Archiv RB

Bild 82: Bevor die modernen Schleudermaschinen den Schneebruch vereinfachten, behalfen sich die Bahnen mit schweren Stahlpflügen, die den Dampfloks vorgespannt wurden. Hier zwischen Staffelhöhe und Staffel um 1932.

Bild 83: Wo die Pflüge nichts ausrichten konnten, mussten Spatenmänner in mühsamer Muskelarbeit dem schweren Schnee zu Leibe rücken. Lawinenräumung am 1. Mai 1917 zwischen Kräbel und Fruttli, wo bis zu 10 m Schnee auf der Trasse lagen.

und die Wartesäle in Klösterli und Staffel einen Kohleofen. Ausserdem entschied sich der Verwaltungsrat für die Beschaffung einer Schneeschleuder, die 1930 als Lokomotive des Typs He 2/3 Nr. 8 immatrikuliert wurde.

Mit Inbetriebnahme des ersten Schlepplifts (1941) begann die ARB mit ihren Pendelfahrten zwischen Klösterli und Staffel, die sie bis 1964 weiterführte. Bei den winterlichen Fahrleistungen handelte es sich aber noch nicht um einen Ganzjahresfahrplan, denn der Zugbetrieb blieb auf die Periode Mitte Dezember bis Mitte März begrenzt. In der Zwischensaison blieb das Rollmaterial in der Remise in Goldau.

Als sich die Hotels an der Rigi zum durchgehenden Betrieb entschlossen, entschieden sich beide Bahnen 1955 für den Ganzjahresbetrieb zum Kulm. Es gab ja auch Schulkinder, die z.B. vom Staffel in die Bergschule nach Kaltbad mussten.

Bei schönem Wetter kam es nun zu Rekordfrequenzen. Am 15. Februar 1950 z.B. beförderte die ARB 5190 Personen. Zum Vergleich: Der absolute Rekord liegt bei 7628 Tagesgästen (5. Juli 1959).

Während der schneereichen sechziger Jahre machte sich das Fehlen einer leistungsfähigen Räummaschine auch bei der VRB bemerkbar. Der Pflug X 102 von 1931 genügte den Anforderungen nicht mehr. Diese Tatsache führte 1974 zur Inbetriebnahme der Beilhack-Schleuder Xrotm 1. Für den Skitransport erdachten die Bah-

Bild 78 (linke Seite oben): Mehrzwecklok He 2/3 Nr. 8 (ARB) im Schneeschleudereinsatz mit zwei Stromabnehmern auf dem Dach. Der Einholm vorne dient der Eisbefreiung an der Fahrleitung. Abb.: M. Horath

Bild 79 (darunter): Um in beiden Fahrtrichtungen Schnee und Eis von den Schienen räumen zu können, lässt sich der Lokkasten auf dem Fahrgestell um 180° abdrehen. Präsentation bei der Beschaffung 1930. Abb.: Archiv RB

Bild 80: Schnee stiebt durch die Luft: Auf der VRB-Trasse schiebt die Dampflok H 2/3 Nr. 16 unterhalb der Staffelhöhe die nicht selbstfahrende Schleuder Xrotm 1 bergwärts durch den reichlich gefallenen Neuschnee.

Bild 81: Die Berglandschaft präsentiert sich am 3. März 1988 im prächtigen Winterkleid. Die VRB-Räumkomposition bereitet die Trasse für die bald anreisenden Skiläufer vor. Abb. 80 und 81: P. Pfeiffer

Schneeschleudern

Technische Daten

Bezeichnung	He 2/3 Nr. 8	Xrotm Nr. 1
Länge ü. Puffer	7,90 m	7,65 m
Max. Räumbreite	4,80 m	5,10 m
Max. Räumhöhe	1,48 m	2,10 m
Wurfweite Schnee	10 m	30 m
Fortbewegung	selbstfahrend	geschoben
Max. Geschwindigkeit	15 km/h	12 – 18 km/h
Motorleistung	397 kW 330 U/min.	310 kW 2500 U/min.
Gewicht	33 t	17,0 t
Anhängelast	47 t	
Hersteller	SLM/MFO	VRB/RACO Deutz/Beilhack
Schleuderantrieb	Elektromotor	Dieselmotor
Inbetriebnahme	1930	1974

Winterbetrieb bei den Rigi-Bahnen

Bei Eröffnung der beiden Rigi-Zahnradbahnen (1871 bis 1875) stand ein Winterbetrieb nicht zur Diskussion. Der Bergtourismus spielte sich ausschliesslich in der warmen Jahreszeit ab. Wie die Hotels und Herbergen wurde auch das Rollmaterial für den reinen Sommerbetrieb eingerichtet. Die seitlich offenen Personenwagen zur Zeit des Dampfbetriebs boten keinerlei Schutz vor der kalten Witterung.

Dass sich aber trotzdem einzelne Züge im Winter auf die Strecke wagten, belegen die alten Geschäftsberichte. So soll am 26. März 1896 erstmals ein ARB-Zug den Rigi Kulm erreicht haben. Es werden wohl in erster Linie Bau- und Probezüge gewesen sein, die in milden Wintern über die fast schneefreien Trassen verkehrten.

Den ersten Ganzjahresbetrieb führte die ARB-Talbahn zwischen Arth und Goldau aufgrund eines Vertrags mit der Gotthardbahn-Gesellschaft am 1. November 1882 ein. Diese Verbindung benutzten im Winter 1885 bereits 10 239 Reisende, die in einem Sommerwagen mit Dampftraktion befördert wurden.

Auf den Bergstrecken wagte hingegen die VRB die riskante Pionierarbeit, als sie im Winter 1906/07 auf Druck einer Hotelbesitzerin versuchsweise erste Fahrplanzüge zwischen Vitznau, Kaltbad und Staffelhöhe führte. Gemeinsam organisierte man das erste Skirennen, um das neue Freizeitvergnügen auf der auch im Winter grösstenteils nebelfreien Rigi zu propagieren. Rentabel waren diese Fahrten aber erst, als zwei Jahre später auch andere Hotelbetriebe auf Kaltbad geheizte Zimmer anbieten konnten. Zur Schneeräumung besass die VRB damals nur einen einfachen Pflug. Die Trasse musste deshalb vor allem mit viel Handarbeit befahrbar gemacht werden. Aus Kostengründen (Schneeräumung und Pachtzins) verzichtete die VRB vorerst darauf, mit ihren Zügen bis nach Staffel und Rigi Kulm zu fahren.

Nach dem Ersten Weltkrieg interessierte sich die Bevölkerung vermehrt für den Skilauf. Die ARB nahm deshalb ihren Winterbetrieb am 15. Dezember 1928 auf. Dazu erhielten die beiden Motorwagen BFhe 2/3 Nr. 6 und BFhe 2/4 Nr. 7 endlich einen Heizkörper, während zwei kleine, geschlossene Vorstellwagen mit Heizung und Beleuchtung ausgerüstet wurden. Ausserdem errichtete die Bahngesellschaft in der lawinengefährdeten Zone zwischen Kräbel, Fruttli und Klösterli Schutzbauten gegen Eisbildung und Schneeverwehungen. Die beiden Tunnels erhielten gleichzeitig Tore

Umsteigen der Rigi-Gäste diente. Er war während dieser Zeit sowohl Ankunfts- wie Abfahrtsort der ARB-Züge der Tal- und Bergbahn und mit deren Strecken über eine Spitzkehre verbunden. Oberhalb dieser Gleisschlaufe liegen die Depotanlagen der ehemaligen Arth-Rigi-Bahn, wo das Rollmaterial fachmännisch unterhalten wird. Besonders sehenswert ist die betagte Schiebebühne, die schon 1875 bis 1882 am alten Standort in Oberarth benützt wurde.

es zeigt sich wieder Grün. Über die Mangelsfluh rattert der Zug dem neuerstandenen Ort Goldau entgegen. In den Wiesen liegende Gesteinsbrocken erinnern nämlich noch heute an den schrecklichen Bergsturz vom 2. September 1806. Damals lösten sich vom gegenüberliegenden Rossberg gewaltige Felsmassen und verschütteten das ganze Dorf. Sie zertrümmerten 331 Gebäude und töteten 457 Einwohner im Schlaf.

Jetzt quert die Schienentrasse das breite Band der 1972 fertiggestellten Nationalstrasse A4. Sie führt in einem Bogen um das Dorf Goldau. Vor der Gotthardbahn-Eröffnung benützten die Kutschengäste die ARB-Haltestelle beim Postbüro (nahe der heutigen Kirche) als Umsteigestation. Ein Jahrhundert später – im Zeitalter der Benzinkutschen – hält die Zahnradbahn wieder an der Strasse, wo die Reisenden in grossen Scharen ein- und aussteigen. Für einen Grossandrang ist man gerüstet, denn direkt an der Autobahn A4 besteht ein Parkplatz für 200 Pkws. Seit 1978 ist dies Grund genug, um die Züge hier anhalten zu lassen.

Bald tauchen rechts in Fahrtrichtung die letztmals 1970 erweiterten Depotanlagen der ARB auf. Dann endet die Erlebnisfahrt in der 100jährigen Gleishalle. Mit durchschnittlich 14 km/h Geschwindigkeit hat unser alter Motorwagen die 8,55 km Strecke ab Rigi Kulm in 52 Fahrtminuten zurückgelegt. Der Ruf des Schaffners "Endstation, Alles aussteigen!" tönt durch das Hallengewölbe. Es ist Feierabend, und der Oldtimer darf über das Verbindungsgleis zur Schiebebühne rollen. Etwas Ruhe tut ihm sicher gut. In der Remise werden sich seine Motoren über Nacht abkühlen können. Bahnreisende finden im imposanten, keilförmig angelegten SBB-Bahnhof Arth-Goldau (510 m ü.d.M.) gute Anschlüsse nach allen Himmelsrichtungen. Alle Züge machen hier Station. Es halten sogar die eleganten Cisalpino-Triebzüge, die seit 1996/97 als modernste Schnellverbindungen zwischen den Wirtschaftszentren Stuttgart, Zürich und Mailand verkehren.

Arth-Goldau

Alles begann im Juni 1882 mit der Eröffnung der Gotthardbahn auf der Strecke (Basel –) Immensee – Göschenen – Chiasso. Am 8. August 1891 stiess die Schweizerische Südostbahn (SOB) aus Rapperswil und Pfäffikon dazu. Weitere sechs Jahre später wurden die Zufahrten von (Basel –) Luzern und (Zürich –) Zug angeschlossen. Damit erhielt der Gemeinschaftsbahnhof von Arth und Goldau die Funktion eines wichtigen Verkehrsknotenpunkts. Diese Bedeutung verstärkte sich im Jahr 1910, als mit der Rickenbahn via SOB erstmals ein direkter Gleisanschluss nach St. Gallen und an den Bodensee zur Verfügung stand. Seit 1897 beginnen die Züge der ehemaligen Arth-Rigi-Bahn ihre Bergfahrt im stählernen Hochbahnsteig über den Fahrdrähten der SBB-Gleise.

Vor der Weiterfahrt bietet sich dem Eisenbahninteressierten sicher noch Gelegenheit, die recht grosszügigen Bahnhofsanlagen zu begutachten. Bei guter Witterung kann man in der Ferne nach Süden die beiden Gipfel der Mythen erkennen. Auffällig präsentiert sich auch der neugebaute Turm der SBB-Betriebsleitstelle, von wo die Sicherungsanlagen einiger benachbarter Bahnhöfe und Streckenabschnitte ferngedient werden können. Darunter gut erkennbar ist das Verbindungsgleis vom SBB- zum ARB-Gelände. Die Schienen der beiden normalspurig fahrenden Gesellschaften unterscheiden sich ja nur durch die Zahnstange. Wo sie endet, da liegt auch die Grenze für die ARB-Triebwagen. Dieses Gleisstück erinnert noch an die Lage des provisorischen Bahnhofs der Gotthardbahn, der zwischen 1882 und 1897 dem

Bild 74: Ihre Bergfahrt zum Rigi Kulm beginnt die ARB seit 1897 beim Hochbahnsteig über den Gleisen der Gotthardbahn. Am 30. Juni 1985 fährt der historische Gotthard-Express mit der Krokodillok Ce 6/8 II Nr. 14253 vorbei.
Abb.:
P. Pfeiffer

Bild 75: Die beiden Triebwagen BDhe 2/4 mit den Nummern 14 und 13 verlassen den Hochbahnsteig in Arth-Goldau. Oben ist der Rossberg mit dem Bergsturz-Anrissgebiet zu sehen. **Abb.: B. Hitz**

Bild 76: Bei der Werkstätte Goldau ist der "Pullman"-Triebwagen BCFhe 2/3 Nr. 6 abgestellt. Links in der Remise der BDhe 2/4 Nr. 7.

Bild 77 (ganz rechts): Die letzte ARB-Neuerwerbung präsentiert sich unter der Silhouette des Rigi-Gipfels: Der BDhe 4/4 Nr. 15 auf Talfahrt bei Kräbel.
Abb. 76 und 77:
Th. Küstner

Bild 72: Der Triebwagen 6 vor seiner Aufarbeitung beim Milchtransport an einem Oktobertag 1982 (Abschnitt First – Staffel). Blick nach Süden zur Zentralalpen-Kette.
Bild 71 (links): Massenandrang beim Rigi-Schwinget: Der vollbesetzte Pendelzug BDhe 2/4 / Bt 22 kehrt am 19. Juli 1992 ins Tal zurück (Kräbelwand).
Bild 73: Bei einer Sonderfahrt für Modelleisenbahnfreunde am 19. September 1987 schiebt der BDhe 2/4 Nr. 7 den restaurierten Vorstellwagen B 35 und den Kkm 63 von Klösterli nach First. **Abb. 71 bis 73:** B. Hitz

Luftseilbahn Kräbel – Rigi Scheidegg

Technische Daten

Typ:	Pendelbahn 2 Kabinen
Betriebsart:	je 1 Tragseil
Talstation:	Kräbel (763 m ü.d.M.)
Bergstation:	Rigi Scheidegg (1649 m)
Höhendifferenz:	884 m
Betriebslänge:	1748 m
Grösste Neigung:	390°/oo
Grösste Spannweite:	652 m
Anzahl Stützen:	3
Anzahl Kabinen:	2 (je 15 Personen)
Antriebsleistung:	85 kW (Gleichstrom)
Geschwindigkeit:	6 m/s
Fahrzeit:	6 Min. 48 Sek.
Transportkapazität:	140 Pers./Std.
Betriebseröffnung:	Dezember 1953
Erneuerung:	1960 und 1985
Erbauer:	Küpfer, Steffisburg
Reisende 1995:	60 000 Personen

Erlebnis Klösterli – Goldau

Mit der Abfahrt bleiben auch die Alpwiesen zurück. Es folgt nun ein wenig spektatkulärer Streckenabschnitt, der schon den Erbauern einiges Kopfzerbrechen bereitete. Jetzt neigt sich die Trasse weniger steil (141‰). Im Bergwald befährt der Zug die Pfäderenbrücke, den gleichnamigen Tunnel (48 m lang) und den Dossen-Bachübergang. Bald taucht unten die Station Fruttli (1150 m) auf. Wegen des Taktfahrplans finden hier die meisten Zugkreuzungen statt, denn die Distanzen nach Goldau und Rigi Kulm sind fast identisch. Im Regelbetrieb genügen der ARB zwei Kompositionen, die sich jeweils in Fruttli begegnen.

Nun folgt der attraktivste und steilste Abschnitt der Talfahrt: Die Trasse fällt um 201‰ ab und rückt näher an die Felsflanke. Unterhalb des Bahndammes plätschert zwischen den Bäumen die Rigiaa über ihre steinernen Stufen. Es ist ein tückischer Bach, der mit seinen Zuflüssen unten im Tal nach längeren Niederschlägen schreckliche Schäden anrichten kann. Entlang der ganzen Rigi-Ostseite schützen deshalb grosse Waldflächen die unten vorbeiführende Gotthardbahn vor Steinschlag und Murenabgängen.

Nun sollte man sich zu den linken Wagenfenstern setzen. Auf fast 30 m Höhe überspannt bald ein weiterer Brückenübergang den Rothenfluhbach. Durch den 67 m langen Schönenboden-Tunnel erreicht die Bahn dann die berüchtigte Kräbelwand. Hier kann man nochmals kurz die herrliche Aussicht nach Arth und auf den Zugersee geniessen. Sie schmückte als wichtigste Sehenswürdigkeit der ARB bereits die Werbeplakate während der Dampfzeit. Dieser Tiefblick gab den bergwärts fahrenden Gästen bereits einen ersten Vorgeschmack auf die aussergewöhnliche Panoramasicht, die sie auf der Rigi erwartete. Was die einen erfreut, macht den anderen Sorgen: Es sind die instabilen Felspartien auf diesem besonders attraktiven Streckenabschnitt, die in den nächsten zehn Jahren umfassende Trassensanierungen notwendig machen. Deshalb wird ernsthaft über die Errichtung einer Gondelbahn nachgedacht, die Goldau mit Rigi Kulm verbinden würde. Mit diesem Bauentscheid wäre aber das Todesurteil für die ARB gesprochen, denn ihr Schienenstrang würde anschliessend mit Sicherheit stillgelegt.

Der Bahnhof Arth-Goldau liegt noch 400 Höhenmeter tiefer. 21 Minuten nach Abfahrt in Klösterli erreicht unser rüstiger BCFhe 2/3 mit seinem Nostalgiewagen die Haltestelle Kräbel (789 m). Die Kreuzungsstation mit dem ungewöhnlichen Namen liegt bei der Talstation einer 1953 eröffneten Luftseilbahn. Ihre Kabinen schweben in sechs Minuten zur Rigi Scheidegg (1656 m), einem prächtigen Aussichtspunkt mitten in einem weiträumigen Wandergebiet.

Auch im Dienstgebäude Kräbel sorgt übrigens eine moderne Gleichrichterstation dafür, dass die Triebfahrzeuge am Berg ihre volle Leistung beweisen können.

Nach einer kurzen Pause beginnen sich die Zahnräder wieder zu drehen. Am Goldauer Berg wurden die Wälder gerodet, und

Bild 67: Aussicht vom Kulm zum Staffel, Rotstock (vorne) und Pilatus.

Bild 69 (rechts oben): Im "Schneeflocken-Anstrich" kommt der ARB-Pendelzug mit BDeh 2/4 Nr. 11 modisch daher (Kulm – Staffel, gegen Ende des Winters).
Abb. 67 und 69: Th. Küstner

Bild 70 (rechts): Dieser seltene Schnappschuss gelang bei einer nostalgischen Winterfahrt der 1938 in Dienst gestellten Schneeschleuder-Lok He 2/2 Nr. 18 zwischen Staffel und Kulm. **Abb.: M. Horath**

Bild 68 (linke Seite): Bald hält der Frühling Einzug auf der Rigi. Der historische ARB-Vorstellwagen B 34 erreicht Kulm. **Abb.: K. Bieri**

die Fahrleitung eingespeist. Zwischen 1906 und 1937 genügten den schwach motorisierten Wagen 750 V Stromstärke. In Zusammenhang mit der VRB-Elektrifizierung wurden 1500 V Gleichstrom zur Einheitsspannung der Rigi-Bahnen.

In Klösterli beginnen übrigens auch die Kabel der Schlepplifte, die seit 1964 die Osthänge gegen den Staffel für die Skiläufer bequem zugänglich machen.

nach Süden, um am Hang entlang zur Kreuzungsstelle Rigi First abzusteigen. Bis 200‰ Gefälle erfordern nun die volle Bremsleistung, die jederzeit mit drei unterschiedlichen Systemen sichergestellt wird. Leider kann die dabei anfallende Energie nicht in die Fahrleitung zurückgeführt werden. Sie wird oben auf dem Wagendach in Widerständen vernichtet.

Beim Halt in Rigi First (1484 m) warten bereits viele Fahrgäste. Früher war die Station nach dem nahen Aussichtspunkt Wölfertschen benannt. Die heutige Bezeichnung erinnert an das Alpenhotel First, das bis zu seinem Brand im Jahr 1948 den Rigi-Tourismus massgeblich mitbestimmte. Die damaligen Gäste erreichten die 1900 entstandene ARB-Haltestelle mit Pferdekutschen. Dazu baute der Hotelier eine über 900 m lange Zufahrtsstrasse. Den ebenso wichtigen Anschluss an die VRB-Strecke in Kaltbad gewährleistete 1874 bis 1931 die legendäre Scheidegg-Schmalspurbahn, die ebenfalls von Niklaus Riggenbach errichtet wurde. An diese als Opfer der Weltwirtschaftskrise stillgelegte Touristenbahn erinnert noch heute der bequeme Rundwanderweg First – Kaltbad oder First – Scheidegg, der über den ehemaligen Kutschenweg und den Unterbau der aufgelassenen Bahnstrecke führt.

Einen Beitrag gegen das Vergessen möchte auch das Eisenbahn-Journal leisten, indem es dieser Kleinbahn in der vorliegenden Ausgabe ein spezielles Kapitel widmet (siehe Seite 54).

Auf dem Nachbargleis ist inzwischen ein bergwärtsfahrender Pendelzug der neuesten Bauart eingetroffen. Viele Gäste verlassen die Komposition. Die Sportlichen schultern ihre mitgebrachten Bergfahrräder, während die Naturfreunde zu den beschilderten Wanderpfaden schlendern.

Nun ist die Strecke frei, der Abstieg kann fortgesetzt werden. Diesmal ist auf dem Hinweisschild am Streckenrand ein Gefälle von 193‰ markiert. Zwischen schattigen Bäumen klettert der Zug auf fast einem Kilometer nach Rigi Klösterli (1315 m) hinunter.

Auf Rigi Klösterli

Auch in heutiger Zeit finden hier jährlich fünf traditionelle Wallfahrtstage statt. Der kleine Ort mit seinen Kapellen und Gasthäusern hatte schon gegen Ende des 19. Jahrhunderts eine touristische Bedeutung. Davon zeugt auch die grosszügige Architektur des Bahnhofgebäudes. Von der hier ebenfalls untergebrachten Silizium-Gleichrichteranlage wird die Betriebsenergie in

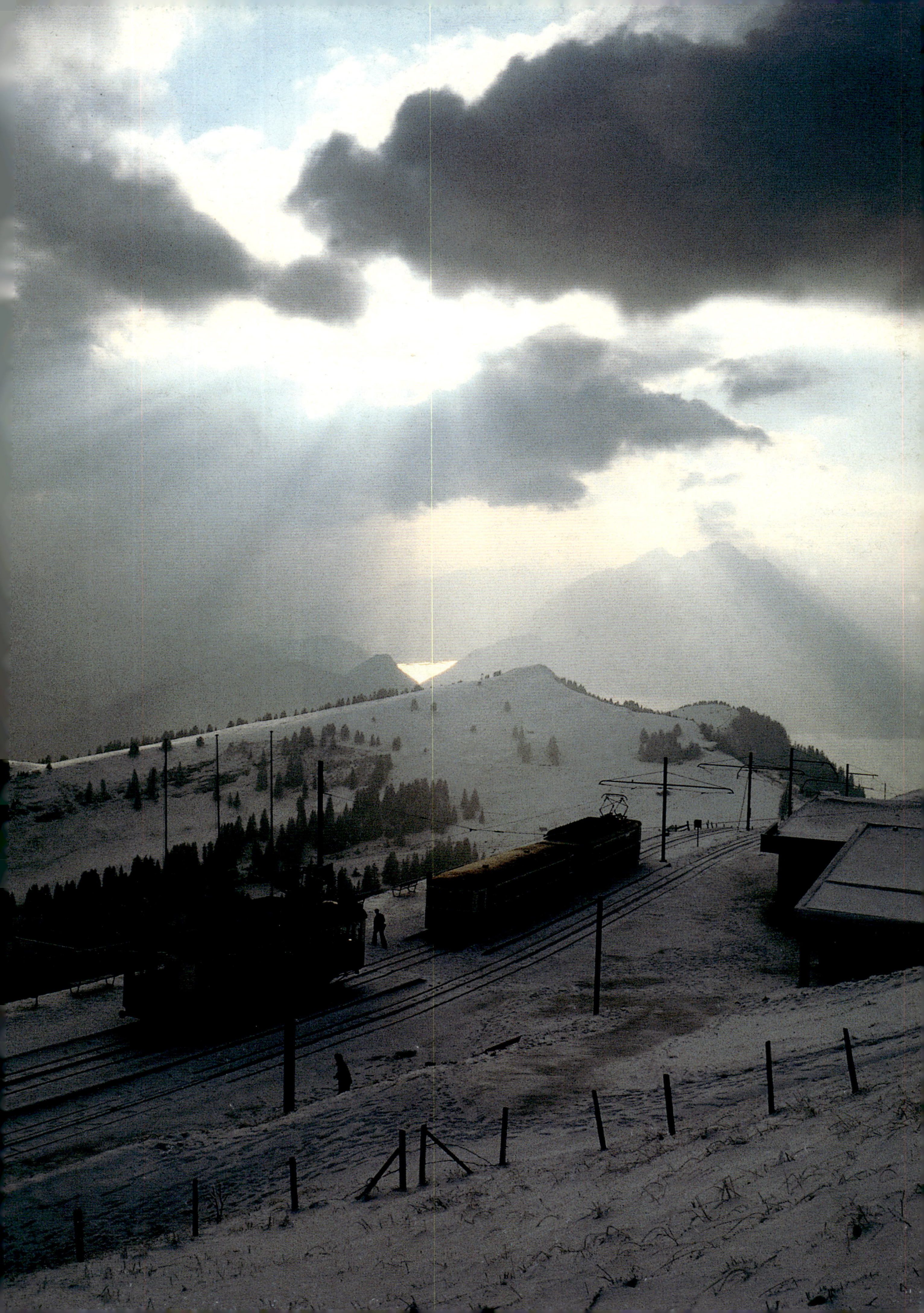

Reisebericht Rigi Kulm – Goldau

Wie vor 75 Jahren

Wer die Rigi von Vitznau aus im sicheren Griff der Zahnstange erklommen hat, wird für die Talfahrt wohl die ehemalige Arth-Rigi-Bahn (ARB) benützen wollen. Weil zufällig deren Nostalgie-Komposition als Sonderfahrt auf dem Kulm zu Besuch weilt, soll nun der Abstieg nach Goldau aus ihrem rustikalen Abteil in der Polsterklasse beschrieben werden.
Weshalb präsentieren sich der fragliche Triebwagen BCFhe 2/3 Nr. 6 (Baujahr 1911) und der Vorstellwagen B 35 (1899) in unterschiedlichen Farben? – Das ARB-Rollmaterial trug früher mit Ausnahme der Dampfloks ein gelb/braunes Farbkleid. Der blauweisse Anstrich kam erst ab 1939 in Mode, als im Zusammenhang mit der Landesausstellung die Zürcher Kantonsfarben übernommen wurden. Als Ausnahme war der bis heute betriebsfähige Motorwagen Nr. 6 ursprünglich in weisser Farbe gestrichen, die er anlässlich der Wiederaufarbeitung im Jahr 1990 zurückerhalten hat. Schon seit seiner Restaurierung im Jahre 1985 darf sich der besonders wertvolle Personenwagen B 35 mit seinem früheren Gelb schmücken.

Erlebnisreise Kulm – Klösterli

Nun steht also unser Nostalgiezug auf der Bergstation Kulm (1752 m ü.d.M.) abfahrbereit in Gleis 2. Aufgrund seiner Spezialfahrordnung erhält der Lokführer vom zuständigen Beamten auf Rigi Staffel die Bewilligung zur Abfahrt. Zur Kommunikation dient ihm der Betriebsfunk, mit dem seit 1978 alle Fahrzeuge und Dienststellen der Rigi-Bahnen ausgerüstet sind. Vorsichtig beschleunigt der Lokführer seinen betagten Motorwagen und beginnt den Abstieg auf dem 220‰ steilen Schienenstück. Er kann dabei nicht Schritt halten mit dem auf dem benachbarten Gleis ebenfalls talwärts rollenden, 42 Jahre jüngeren VRB-Triebwagen Bhe 2/4 Nr. 4. Der Tacho im Führerstand zeigt 14 km/h an, was der Höchstgeschwindigkeit bei Talfahrt entspricht.
Nach sieben Minuten ist Rigi Staffel (1603 m) erreicht, wo sich die Trassen der beiden Rigi-Bahnen nun trennen werden. Über eine Linkskurve wendet der Zug jetzt

Arth-Goldau – Rigi Kulm		
Bahnhöfe	**Höhe m ü.d.M.**	**km**
Arth-Goldau	519	0,000
Kräbel (K)	789	2,074
Fruttli (K)	1150	4,192
Rigi Klösterli (K)	1315	5,833
Rigi First (K)	1484	6,838
Rigi Staffel (K)	1603	7,712
Rigi Kulm	1752	8,551
Steigung max.		200‰
Streckenlänge		8,551 km
Kleinster Kurvenradius		180 m
Spurweite Normalspur		1435 mm
Zahnstangensystem		Riggenbach
Anzahl/Länge Tunnels		2/104 m
Grössere Brücken		4/164 m
Baubeginn		01.06.1873
Eröffnung		04.06.1875
Elektrifizierung		01.05.1907
Stromsystem		Gleichstrom 1500 V
(H = Haltestelle; K = Kreuzungsstelle)		

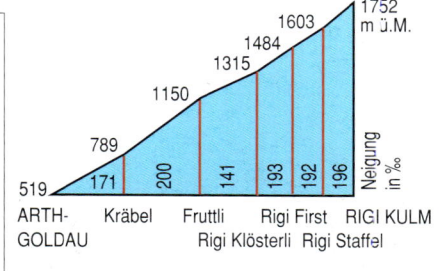

1 = Talbahn 1875 - 1959
2 = Chräbelwand
3 = Schönenbodentunnel
4 = Rothenfluhbachbrücke
5 = Dossenbachbrücke
6 = Pfäderentunnel
7 = Pfäderenbachbrücke

Bild 65 (oben): Auf Rigi Kulm warten abfahrbereite Züge nach Goldau und Vitznau. Die dreiständige Remise ist im Frühjahr 1997 im Zusammenhang mit dem Bau neuer Telekom-Fernmeldeeinrichtungen abgebrochen worden. Es soll später an gleicher Stelle ein neues Einstellgebäude errichtet werden.

Bild 66: Es braut sich ein Gewitter zusammen. Stimmungsaufnahme vom Aussichtspunkt auf Rigi Kulm (1797 m ü.d.M.) mit Blickrichtung Rotstock, Vierwaldstättersee und Pilatus.
Abb. 65 und 66: K. Bieri

Baden lieferte die Einrichtung für die neue Gleichrichteranlage in Klösterli. Alle Triebfahrzeuge erhielten eine optimierte Elektroausrüstung, womit die Fahrzeiten auf 45 Minuten verkürzt werden konnten. Der Triebwagen CFhe 2/4 Nr. 7 fuhr nun z.B. mit 15 km/h (statt 12 km/h) bergwärts und 12 km/h (statt 7 bis 9 km/h) talwärts. Mit Kosten von 354 000 sFr wurde das Baubudget auch diesmal stark überschritten. Von der verbesserten Technik konnte die ARB 1949 und 1954 bei der Ablieferung der drei Triebwagen BDhe 2/4 Nr. 11 bis 13 profitieren. Die in den Werkstätten von SLM, Winterthur, und Sécheron, Genf, konstruierten Fahrzeuge leisten 690 PS und fahren auf der Bergfahrt max. 21 km/h schnell. Die reine Fahrzeit Goldau – Kulm verkürzte sich damit auf 25 Minuten.

Mit der Beschaffung von Steuerwagen (Bt4) konnten ab 1958 erstmals Pendelzüge gebildet werden. In solchen Kompositionen gibt es Platz für 240 Personen (mit Stehplätzen). Im Jahr 1967 standen bereits vier Pendelzüge dieses Typs im Einsatz, die heute alle für die einmännige Führung ausgerüstet sind. Die betagten Triebwagen hatten hingegen ausgedient: Bereits früher wurden die fünf Triebwagen aus der Zeit der Elektrifizierung ausrangiert. Der Triebwagen BDhe 2/3 Nr. 6 ist 1990 in der eigenen Werkstätte zum Nostalgie-Fahrzeug mit einem gediegenen Interieur und Polstersitzen restauriert worden. Die verbliebene Einheit Nr. 7 leistete bis zur Drucklegung des vorliegenden EJ-Specials noch regelmässig Aushilfsdienste.

Als letzte Innovation im ARB-Triebfahrzeugpark trat 1982 der Pendelzug BDhe 4/4 Nr. 15 und Bt4 Nr. 25 in den Dienst. Vier Jahre später beschaffte auch die VRB typengleiche Kompositionen. Es handelt sich bei ihnen um die im Moment leistungsstärksten Fahrzeuge der fusionierten Rigi-Bahnen. Zusätzliche Einzelheiten zum Thema Rollmaterial finden Sie im speziellen Kapitel zum Betriebsmaschinendienst ab Seite 72 dieses Specials.

Nach einem Entscheid der beiden Aktionärsversammlungen fusionierten die bisher selbständigen Gesellschaften Vitznau-Rigi-Bahn (VRB) und Arth-Rigi-Bahn (ARB) zum 1. Januar 1992 zur neuen Unternehmung Rigi-Bahnen AG mit rechtlichem Firmensitz in Goldau. Die gemeinsame Geschäftsleitung verbleibt in Vitznau, und die technischen Dienste in Goldau werden als Zweigstelle weitergeführt. Zur erwähnten Firma gehören auch die Luftseilbahn Weggis – Rigi Kaltbad und die Rigi-Skilifte.

Bild 63 (oben): Winter bei Rigi Staffel: He 2/3 hat in den vierziger Jahren mit ihrer Schleuder die Strecke geräumt. **Abb. 60 bis 63: Archiv RB**

Bild 64 (rechts): Auch am Rigi-Schwinget beförderte 1977 die Mehrzwecklok He 2/3 Nr. 8 mit den Vorstellwagen B^2 32 und 34 die Sonderzüge. **Abb.: E. Leutwiler**

Bilder linke Seite:

Bild 60: Bei Grossandrang muss die He 2/3 Nr. 8 mithelfen. Für die wenigen Sommereinsätze wird auf die Demontage der Schleuder verzichtet (Rigi-Schwinget, 1. Juli 1973).

Bild 61: Ein Güterzug bringt Fuhrwerke und Autos nach Rigi First, wo sie im Sommer Gäste zum Firsthotel bringen sollen.

Bild 62: Der BCFhe 2/3 Nr. 6 in der Kräbelwand mit Ausblick auf den Zugersee. Diese Talsicht entstand mittels Farbmontage.

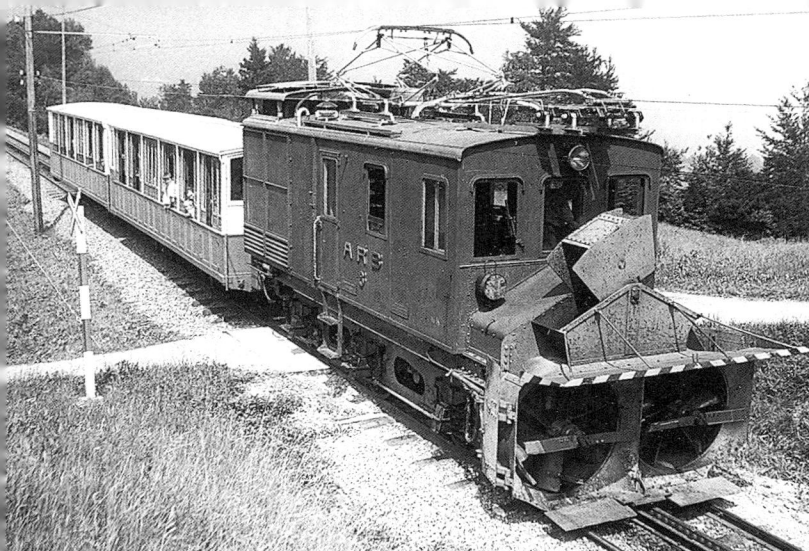

Neben sehr viel Fingerspitzengefühl erforderte die Führung der Triebwagen genaue Kenntnis der Fahrdienstregeln. Bis zum Einbau einer Sperrklinkenbremse (1910) leisteten neben dem Wagenführer zwei Schaffner Dienst im Fahrzeug. Anschliessend wurde der Zweimann-Betrieb eingeführt.

Die Stromabnahme erfolgte mit zwei Ruten, deren Rollen die beiden Fahrdrähte bestrichen. Der Wagenführer hatte diese Trolleys vor Fahrtbeginn an die Drähte anzulegen. Bei der Talbahn musste der in der Energiezentrale in Goldau tätige Maschinist die Fahrleitung jeweils 15 Minuten vor jeder Fahrt einschalten.

Einen weiteren Fortschritt brachte der 1911 beschaffte BCFhe 2/3 Nr. 6, der aus den Geldbörsen einzelner Verwaltungsratsmitglieder vorfinanziert werden musste: Seine beiden Aussenachsen wurden durch Tatzlagermotoren mit insgesamt 210 PS angetrieben. Die Triebzahnräder waren in diesen Achsen lose gelagert. Seine höhere Leistung ermöglichte es endlich, einen Vorstellwagen mitzuführen. Die Transportkapazität stieg deshalb auf 126 Plätze. Für den Schiebedienst im Güterverkehr erhielt er normale Puffer.

Betriebsvorschriften anno 1923

Besonders erwähnenswert sind die Weisungen betreffend Fahrtgeschwindigkeiten: Während die Triebwagen auf der Talbahn entsprechend ihrer Maximalgeschwindigkeit mit 20 km/h "dahinschleichen", waren die Vorschriften am Berg etwas komplizierter. Beim Talwärtsfahren hatte sich das Personal strengstens an die Höchstgeschwindigkeiten von 7 km/h (Neigung ab 150°/oo) und 9 km/h (bis 149°/oo) zu halten. Diese Werte waren im Normalfall auch bei der Bergfahrt gültig. Allfällige Verspätungen durften aber mit einer auf 10 km/h beschleunigten Geschwindigkeit eingeholt werden. Laut Reglement konnte die reine Fahrzeit Goldau – Kulm damit um zwölf Minuten auf insgesamt 55 Minuten verkürzt werden.

Den Bahnwärtern waren regelmässige Streckenbegehungen vorgeschrieben. Zu ihren Pflichten gehörte auch die Beleuchtung der Wegübergänge in den Abendstunden.

Der Dienstfahrplan enthält neben den Fahrordnungen noch weitere Informationen, die für die damalige Zeit recht typisch sind: Zur Berechnung der Zugbelastung wird ein Durchschnittsgewicht von 75 kg je Reisender angegeben. In der "Zeittabelle über den Anfang und das Aufhören der Nachtsignale" sind fein säuberlich die alle 14 Tage wechselnden Zeiten zum "Beginn und Ende der Beleuchtung" vorgeschrieben. Nicht fehlen darf natürlich das Verzeichnis über die Zeiten von Sonnenauf- und -untergang auf der Rigi. Dem Personal werden ausserdem die Pflichten betreffend Gepäcktransport, Postgeheimnis und Fahrkartenkontrolle in Erinnerung gerufen. Wer meint, der Vandalismus sei eine Seuche der heutigen Zeit, der irrt: Der Dienstfahrplan enthält nämlich auch einen "Tarif über Personenwagen-Beschädigungen".

Die folgende Weisung hat bei den dienstältesten Fahrzeugen wohl auch heute noch Gültigkeit: Wegen dem Gefälle bei der Ausfahrt aus dem Hochbahnhof in Arth-Goldau müssen die Vorstellwagen am schiebenden Triebfahrzeug befestigt sein. Nach dem Befahren der Einfahrweiche hat der Schaffner den Kuppelhaken mit einem Kettenzug hochzuziehen, damit die Personenwagen ungekuppelt bergwärts rollen können.

In der Sommer-Hochsaison 1923 fuhren neun Zugpaare auf der Talbahn und sechs Zugpaare auf der Bergstrecke.

Optimierung der Elektrotraktion

Den endgültigen Abschied vom Dampfbetrieb besiegelte dann 1925 der Triebwagen BCFhe 2/4 Nr. 7, der gemeinsam von den Herstellern SLM/SIG/MFO konstruiert worden war. Er durfte wie die gefeuerten Loks zwei Vorstellwagen mitführen, was seine Transportkapazität auf 151 Plätze erhöhte. Die 1930 in Dienst gestellte Mehrzwecklok He 2/3 Nr. 8 (für Güterzüge, Diensteinsätze und Schneeräumung) wird im Kapitel "Winterbetrieb bei den Rigi-Bahnen" beschrieben.

Die VRB-Elektrifizierung 1937 machte aus Konkurrenzgründen die Angleichung der Energieversorgung auf 1500 V Spannung nötig. Mit Bundessubventionen leitete die ARB 1938 eine umfassende Erneuerung ihrer Bahntechnik in die Wege. Die BBC

legten dabei insgesamt 24 368 km (Dampf 2144 km) zurück. Da aufgrund der Nachfrage nach wie vor drei kohlegefeuerte Lokomotiven einsatzbereit gehalten werden mussten, waren die Energiekosten mit 18 664 sFr nur wenig geringer als zur Dampfzeit.

Die von der Waggonfabrik Rastatt gebauten Kasten der Triebwagen CFhe 2/4 Nr. 3 bis 5 mit ihrem tonnenförmigen Dach sprengten die bisher üblichen Bergbahn-Dimensionen. Die fast 17 m langen und kanariengelb gestrichenen Fahrzeuge boten Platz für je 96 Reisende. Bei Belegung der Stehplätze im Gepäckabteil konnten sogar 120 Personen befördert werden. Dies übertraf die Frequenz eines Dampfzugs mit zwei Vorstellwagen um etwa 40%. Wo dann noch die laut Reglement zusätzlich zulässigen 1400 kg Gepäck unterzubringen waren, bleibt ein Rätsel. Wegen ihrer zu schwach ausgelegten Antriebe durften die "Gelben" nämlich nur als Alleinfahrer verkehren.

Bild 56: Kurz nach seiner Inbetriebnahme ist hier Triebwagen BCFhe 2/3 Nr. 6 um 1912 bei der Talfahrt Staffel – First zu sehen. Hinter dem Fahrzeug ist das 1955 abgebrochene Stationsgebäude Staffel zu erkennen.

Bild 57 (links): Der Triebwagen CFhe 2/4 Nr. 5 hat um 1940 das Nebelmeer verlassen, und die Reisenden geniessen nahe der Kräbelwand den Blick auf die beiden Mythengipfel. Eine Trolley-Rute bestreicht die Doppeldraht-Fahrleitung.
Abb.: Sammlung Hürlimann

Bild 58 (rechts): Aufnahme desselben Triebwagens in der Ursprungsversion bei der Ausfahrt in Arth-Goldau kurz nach der Elektrifizierung 1907.

Bild 59 (rechte Seite unten): Der Talbahn-Triebwagen CFe 2/2 Nr. 1 hält an der Bahnhofstrasse in Goldau, wo soeben die Streckenverlegung über die neue Stahlträgerbrücke der Rigiaa vollendet wurde.
Abb. 56, 58 und 59: Archiv RB

Elektrischer Betrieb der ARB

Die Elektrifizierung

Als Förderer der recht frühen Elektrifizierung galt der ARB-Verwaltungsratspräsident Ingenieur C. Wüest. Als Mitinhaber einer bei Zürich ansässigen elektrotechnischen Unternehmung übernahm er diese Pionierarbeit in eigener Regie. Gleichzeitig mit der ARB-Bergstrecke richtete er den Elektrobetrieb auch bei der Wengernalp-Bahn (WAB) ein.

Wie bereits bei der Baugeschichte beschrieben, konnte die Talbahn 1905 dank einer von der Gotthardbahn-Gesellschaft bezahlten Abfindung vollständig saniert werden. Dazu gehörte auch die Einrichtung einer Fahrleitung und die Inbetriebnahme von zwei Triebwagen des Typs CFe 2/2, die von MAN Nürnberg (mech. Teil) und Wüest Seebach (elektr. Ausrüstung) gebaut wurden. Sie standen ab 1. Januar 1906 bis zur Streckenstillegung am 31. August 1959 zwischen Arth und Goldau im zuverlässigen Einsatz.

Nicht ganz so problemlos gestaltete sich die anschliessend in Angriff genommene Elektrifizierung der steilen Zahnradstrecke. Sie sollte durch die Aufnahme einer weiteren Anleihe finanziert werden. Mit der Erstellung der auf hölzerne Masten abgespannten, doppelt geführten Fahrleitung konnte im Frühjahr 1906 begonnen werden. Die Speisung mit 750 V Gleichstrom erfolgte von Goldau aus, während ein möglicher Spannungsabfall im obersten Abschnitt mit Akkumulatoren in Klösterli ausgeglichen wurde.

Im Oktober 1906 traf dann der erste der drei Triebwagen CFhe 2/4 in Goldau ein. Kurz vor Wintereinbruch brachten die Probefahrten schwere Mängel beim zu schwach ausgelegten Antrieb zutage. Nachdem die Herstellerfirma ihre Motoren während der Wintermonate auf eine höhere Leistung von 130 PS getrimmt hatte, konnten die Schneebruchfahrten im Frühling bereits mit Elektrotraktion ausgeführt werden. Mit dieser geglückten Pioniertat bewies man der Fachwelt, dass auch der dampffreie Betrieb einer normalspurigen Zahnradbahn im Gebirge technisch möglich war.

Die Abrechnung präsentierte sich dann allerdings weniger positiv: Die Elektrifizierung ihrer Tal- und Bergbahn kostete die ARB schliesslich 761 000 sFr (Voranschlag 506 000 sFr). In diesem Betrag enthalten war die Anschaffung der fünf Triebwagen mit Reservematerial, die Fahrleitungsausrüstung, die elektrische Zentrale und die zusätzliche Remise in Goldau sowie die Akku-Station im neuerstellten Bahnhofsgebäude Rigi Klösterli. Die damit verbundene Mehrverschuldung und die vorerst geringen Kosteneinsparungen beim Elektrobetrieb brachten die finanzschwache Gesellschaft an den Rand des Ruins.

Elektrischer Pionierbetrieb

Im Jahr 1908 übernahmen die fünf Triebwagen bereits 92% der Zugleistungen. Sie

Die Fahrpreise bei der ARB betrugen ab Goldau zwischen 1875 und 1912 8 sFr (Bergfahrt) und 4,50 sFr (Talfahrt). Für eine Hin- und Rückfahrt von Zürich nach Rigi Kulm musste damals ein Betrag von 18,50 sFr (2. Kl.) bezahlt werden.

Die Arth-Rigi-Bahn beförderte im Jahr 1883 insgesamt 45 749 Reisende und erzielte 268 259 sFr Betriebseinnahmen. Die Vitznau-Rigi-Bahn erwirtschaftete zum Vergleich im selben Jahr 608 400 sFr.

Vorübergehend grossen Erfolg brachten ab 1897 die Nachtfahrten zum Sonnenaufgang. Im Fahrplan von 1898 führte die Arth-Rigi-Bahn am frühen Sonntagmorgen in den Monaten Juni und Juli einen Zug, der Goldau um 2.00 Uhr verliess und auf Kulm um 3.30 Uhr eintraf. Die Gäste reisten teilweise sogar mit den Nachtzügen der Gotthardbahn aus dem Ausland an, um dieses berühmte Naturschauspiel live mitzuerleben.

Bild 54: Es grollt in den Felsen, wenn der Dampfzug die Rothenfluhbach-Eisenbrücke befährt.

Bild 53 (links oben): Rechts über dem Wallfahrtsort Klösterli sind die Gebäude des Grandhotels auf Rigi Kulm sichtbar. Die ARB-Dampfloks hatten stets liegende und leicht geneigte Kessel.

Bild 55: Die handbediente Schiebebühne in der Ausweichstelle Fruttli verlangte vom Personal viel Muskelkraft (Aufnahme mit Bauzug um 1880). **Abb. 53 bis 55: Sammlung Hürlimann**

Talsicht, die damals in Prospekten und auf Plakaten mit Fotomontagen aufgebessert wird. Hier hallen die lauten Auspuffschläge der Lok von den Felswänden. In der Station Fruttli wird der talwärtsfahrende Zug gekreuzt. Hier befindet sich auch eine provisorische Wasserstation, die erst ab 1881 endgültig ausgestattet wird. 1901 wird hier die 24 Jahre alte Schiebebühne durch eine Zahnstangen-Schleppweiche ersetzt. Ein besonderes Erlebnis ist auch die Fahrt über das Brückenbauwerk am Rothenfluhbach. Das Geräusch auf dieser Schweisseisen-Konstruktion ist sehr eindrucksvoll.

Die Streckenwärter waren für die Kontrolle der Trasse und die Sicherheit ihres Oberbaus zuständig. Sie hatten auch den Zustand der Felswände und Bäume im Auge zu behalten. Die Schmierung der Zahnstange hatten sie aber wohl nicht zuverlässig genug ausgeführt. Um Abnützungen vorzubeugen, erhielten die Dampfloks im Jahr 1880 nämlich eine vom Führerstand aus bedienbare Schmiereinrichtung für das Riggenbach-Zahnrad.

Bei der Ankunft in Rigi Klösterli zeigt die Uhr 9.50 Uhr. Somit sind seit der Abfahrt in Goldau bereits 50 Minuten vergangen. Ein Ausweichgleis wird hier erst 1892 eingebaut und mit einer Weiche angeschlossen. In Zusammenhang mit der Elektrifizierung wird der damalige Wallfahrtsort 1907 ein grösseres Stationsgebäude erhalten.

Die Station Wölfertschen-First wird erst in Zusammenhang mit dem Bau der Kutschenstrasse zum Hotel First im Jahr 1899 eingerichtet. Sie wird zwischen 1907 und 1921 durch Weicheneinbauten zur vollwertigen Kreuzungsstelle aufgewertet. Vorher bestanden auf dem Abschnitt Klösterli – Kulm keine Ausweichmöglichkeiten.

66 Minuten nach der Abfahrt in Goldau wird die Anhöhe des Staffel erreicht. Unbekümmert fährt der ARB-Dampfzug an einer vollbesetzten VRB-Komposition vorbei. Man würdigt die Nachbarin kaum eines Blickes, obwohl die Unternehmung in Vitznau dank ihres unverzichtbaren Pachtzinses das Überleben der ARB-Gesellschaft über mehrere Jahrzehnte sichert. Laut Vertrag sind die ARB-Arbeiter auch für die Unterhaltung der Strecke Staffelhöhe – Kulm verantwortlich.

Nach mehrminütigem Aufenthalt setzt die Komposition zu ihrem letzten Aufstieg an. Die Lok keucht über die 196 ‰-Steigung hoch zur Gipfelstation Rigi Kulm. Seit 1881 steht hier eine hölzerne dreiständige Wagenremise. Ihre Gleise sind mit einer Schiebebühne erschlossen. Die 8 km/h Höchstgeschwindigkeit konnten auf der Bergfahrt grösstenteils eingehalten werden. Seit der Abfahrt in Arth war der Zug 110 Minuten unterwegs. Für einen Gast aus Zürich dauerte die Reise zum Rigi-Aussichtspunkt damals 4 Stunden und 15 Minuten.

dungen, die zwischen Mai und Oktober alle bis Rigi Kulm weitergeführt werden. Ein kleines Schild vermerkt die Höhenangabe von 422 m über dem Meeresspiegel.

Die wenigen Fahrgäste setzen sich in die seitlich mit Stoffvorhängen versehenen Abteile. Die Komposition besteht aus Rücksicht auf die Leistung der Berglok aus einem kurzen und einem längeren Personenwagen mit insgesamt 90 Plätzen.

Die beiden Schaffner begeben sich zur Bremsvorrichtung auf die Wagendächer. Nach einem schrillen Pfiff setzt sich der Zug in Bewegung. Mit gedrosselter Kraft schiebt die Lok ihren Zug mit max. 21 km/h in Richtung Oberarth, wo er nach acht Minuten eintrifft. Unterwegs wurde noch der 39 m lange Mühlefluhtunnel befahren, wo die Bremser ihre luftigen Klappsitze verlassen mussten.

Seit dem im Jahr 1882 abgeschlossenen Streckenumbau mit der Verlängerung der Trasse zum Goldauer Bahnhof der neueröffneten Gotthardbahn (GB) kann der Lokwechsel in Oberarth entfallen. Die Maximalsteigung zwischen diesen Stationen konnte dabei nämlich von 80 auf 66‰ reduziert werden. Damit reichen die Reibungskräfte der E 3/3 aus, um die beiden Wagen nach Goldau schieben zu können. Auf der neuen Anschlussschlaufe überquert sie den Fluss Rigiaa und erreicht bald das provisorische GB-Aufnahmegebäude im einfachen Landbaustil. Die Zeiger der Bahnhofsuhr stehen auf 9.00 Uhr. Die Fahrt von Arth nach Goldau dauerte damit eine Viertelstunde.

Bild 52: Vor der Eröffnung der Gotthardstrecke stiegen die Kutschengäste bei der Poststation Goldau in die Rigi-Zahnradbahn um (Aufnahme um 1878). **Abb. 50 bis 52: Slg. Hürlimann**

Die Wagen übernimmt nun die bereits am Ende des Kopfgleises bereitstehende Berglok H 1/2 Nr. 2. Während das Triebfahrzeug der Talbahn weggestellt wird, trifft auf der noch wenig komplizierten Gleisanlage der Gotthardbahn (GB) ein Schnellzug aus dem Süden mit einer schweren Maffei-Lok D 4/4 ein. Auch ein Anschlusszug aus Luzern und Rotkreuz wird noch abgewartet.

Die ARB kann die GB-Betriebsbauten mitbenützen und bezahlt dafür eine stolze Jahresmiete von 1460 sFr. Das Rollmaterial besteht aus insgesamt 13 Personen- und fünf Güterwagen. Den Reisenden stehen insgesamt 227 Plätze 2. Klasse und 319 Plätze 3. Klasse zur Verfügung. Zum Teil sind die Wagen mit Gepäckabteilen ausgerüstet.

Nach etwa 20 Minuten Aufenthalt lässt der Lokführer Dampf in die Zylinder strömen, und die zweiachsige Kleinlok bewegt ihre gutbesetzten Personenwagen langsam in die Steigung Richtung Goldau. Der Heizer muss besonders hart arbeiten. In überlieferten Schriften ist nämlich festgehalten, dass auf der Bergstrecke durchschnittlich 20,9 kg Kohle pro Kilometer verfeuert wurden. Bei der Talbahn mussten nur 9,2 kg/km in die Feuerbüchse geschaufelt werden. Die Schaffner hatten sich in den ersten Betriebsjahren auch bei den Fahrten auf der Bergstrecke in ihren Bremsersitz auf das Wagendach zu setzen. Später verlegte man die Bremsspindel auf eine zusätzliche Plattform an der Wagenfront.

Nach 17 Fahrtminuten erreicht die Komposition die Wasserstation Kräbel. Sie wird erst 1887 mit einer Schiebeweiche und einem Stumpengleis zur Kreuzungsstelle erweitert.

Besonders eindrucksvoll ist der Aufstieg bei der Kräbelwand mit ihrer einmaligen

Reisen anno dazumal
Mit Dampf Arth – Rigi Kulm

Das Dampfzeitalter bei der Arth-Rigi-Bahn war recht kurz bemessen. Es endete bei der Talbahn Arth – Oberarth – Goldau definitiv am 1. Januar 1906, während die ersten elektrischen Triebwagen auf der Bergstrecke Goldau – Rigi Kulm 10 Monate später verkehrten. Ihre letzte Dampflok nahm die ARB im Jahr 1945 ausser Betrieb.

Dampf im Tal

Für die Talbahn hatte die SLM Winterthur 1874 eine Dreikuppler-Maschine des Typs E 3/3 mit reinem Adhäsionsantrieb abgeliefert, die 1907 an die Thunersee-Bahn verkauft wurde. Nach einem Umbau diente sie der BLS-Lötschbergbahn bis zu ihrem Abbruch 1931 auf der Bödeli-Strecke (Därlingen – Interlaken – Bönigen). Bei Aufnahme des Winterbetriebs 1882 erhielt nur ein Personenwagen verglaste Seitenwände, weshalb die Reise bei kalter Witterung kaum zum Erlebnis wurde. Dieser geschlossene Wagen kam übrigens bei Schlechtwetter im Sommer auch auf der Bergstrecke zum Einsatz. Für Bedarfsdienste mietete die ARB vorerst Dampfloks verschiedener Schweizer Bahnen an, bevor sie sich 1886 zum Umbau ihrer Berglok H 1/2 Nr. 4 für kombinierten Antrieb entschied.

Dampf am Berg

Auf der Zahnstangenstrecke leisteten seit dem Eröffnungsjahr 1875 fünf Bergloks Dienst. Sie waren von der Internationalen Gesellschaft für Bergbahnen in Aarau gebaut worden. Es handelte sich um die damals modernste Riggenbach-Konstruktion. Im Gegensatz zu den VRB-Loks trugen die H 1/2 bereits liegende Kessel der Bauart Belpaire, die mit Rücksicht auf die Steigung aber leicht bergwärts geneigt waren. Der Antrieb erfolgte von den beiden aussenliegenden Zylindern über eine Blindwelle und ein Übertragungsgetriebe auf das Triebzahnrad, das zwischen den zwei antriebslosen Tragachsen arbeitete und über einen Durchmesser von 105 mm (VRB 63,7 mm) verfügte. Mit insgesamt 33 statt 20 Zähnen konnte ein verbesserter Eingriff in die Zahnstange und somit eine ruhigere Fahrweise erreicht werden. Die Kurbeln mit den Gegenkurbeln für die Steuerung waren als Bremsscheiben ausgebildet. Dank ihres verbesserten Antriebs konnten die Loks zwei Vorstellwagen auf die Rigi schieben, in denen 90 Personen mit Gepäck Platz fanden. Der ARB genügten deshalb bis 1907 sechs Dampfloks zur Betriebsabwicklung, während die VRB ihre Dienste bei höherer Nachfrage mit zwölf gefeuerten Triebfahrzeugen abwickeln musste.

Reise zur Dampfzeit

Hier soll ein Reiseerlebnis aus dem Jahr 1883 zu Papier gebracht werden. Die Bahnfahrt beginnt am Zugersee, führt in Adhäsion nach Goldau und anschliessend in der Zahnstange auf die Rigi.
In Arth (rund 100 m von der Schiffsstation entfernt) steht die nur 6 m lange Dampflok E 3/3 Nr. 1 (Baujahr 1874) zur Abfahrt bereit. Der Bahnhof Arth verfügte über zwei Gleise und ein stattliches Aufnahmegebäude in Riegelbauweise. Neben den Direktionsbüros beherbergte es auch Personalwohnungen. Auf die Errichtung einer Wagenremise oder eines gedeckten Bahnsteigs hatte man verzichtet. Das Fahrplanplakat verzeichnet sechs Talbahn-Verbin-

Dampfloks der Arth-Rigi-Bahn

Einsatz	Talbahn	Bergbahn	Bergbahn
Typ	E 3/3 Nr. 11	H 1/2 Nr. 1 – 5[1)]	H 1/2 Nr. 6
Baujahr	1874	1875	1899
Abbruch	Verkauf 1911	1909 – 1923	1945
Leistung	100 PS	230 PS	250 PS
Dienstgewicht	19,8 t	17,7 t	20,7 t
Vmax. Talfahrt	21 km/h	8 km/h	8 km/h
Vmax. Bergfahrt	–	8 km/h	8 km/h
Hersteller	SLM	IGB	SLM

[1)] = H 1/2 Nr. 4 Umbau auf kombinierten Antrieb 1886
Neue Bezeichnung HG 1/2 Nr. 4; Abbruch 1909

Bild 50 (oben links):
Die Kräbelwand war das grösste Hindernis beim ARB-Bau. Hier kämpft sich um 1900 Lok H 1/2 Nr. 3 bergwärts über die aus dem Fels gesprengte Trasse.

Bild 51 (oben rechts):
E 3/3 hat ihren Wagen soeben von Arth nach Arth-Goldau gebracht, wo er mit der bereits wartenden Komposition der Bergbahn gekuppelt wird.

Signalordnung 1898

1. Es folgt ein Extrazug in gleicher Richtung nach:
   Hinten links grüne Signalscheibe oder bei Nacht grünes Licht.
2. Es kommt ein Extrazug in entgegengesetzter Richtung:
   Hinten links rothe Signalscheibe oder bei Nacht zwei rothe Lichter
3. Signal für Fahrberechtigung:
   Ein Extrazug, welcher nicht durch einen vorangehenden Zug signalisiert werden konnte; oder bei Kreuzungsverlegung trägt der Zug das Signal der Fahrberechtigung:
   Vorn am Zug rothe Signalscheibe oder bei Nacht rothes Licht.

ungewöhnlichen Keilbahnhof mit seinem turmgeschmückten Aufnahmegebäude. Er erhielt damals den auch heute noch verwendeten Doppelnamen Arth-Goldau.
Das neugestaltete Bahnhofsgebiet verlangte auch von der Arth-Rigi-Bahn eine neue Trassierung. Die Talbahn führte neu direkt vor das GB-Aufnahmegebäude und wurde fortan als Lokalbahn mit eigenständigem Fahrplan ganzjährig betrieben.
Mit der von der Gotthardbahn zugesprochenen Entschädigung konnte die nie besonders kapitalkräftige ARB-Gesellschaft die Verlegung ihrer Gebäude von Oberarth nach Goldau finanzieren. Einzelne dieser Depotgebäude und die sehenswerte Schiebebühne sind auch heute noch im Betrieb. 31 Jahre lang verkehrten ausschliesslich Dampfzüge über die Talbahn, bevor sie als erster Streckenabschnitt unter einem Gleichstrom-Fahrdraht (Spannung 750 V) ins elektrische Zeitalter wechselte. Ab 1906 leisteten die zwei Triebwagen CFe 2/2 Nr. 1 und 2 die Zugdienste. Bei einer Sanierung der Fahrleitung im Jahr 1951 wurden ihre Rollenstromabnehmer durch Pantographen ersetzt.
Nach einer amtlichen Sicherheitsüberprüfung musste sich die Bahndirektion in den fünfziger Jahren zur Umstellung auf Busbetrieb entscheiden, um die Totalsanierung der Gleise und die Neuanschaffung von zeitgemässen Triebwagen zu umgehen. Am 31. August 1959 fuhren die schaukelnden "Holzkisten" zum letzten Mal von Arth nach Goldau. Das Ende der Talbahn war damit vollzogen. Nach dem Abbruch des Oberbaus entstand auf der ehemaligen Trasse ein vielbegangener Fussweg.

Die Bergbahn Goldau – Staffel – Kulm

Die Bauarbeiten begannen am 1. Juni 1873 und durften nicht länger als zwei Jahre dauern. Dazu hatte sich die Generalunternehmerin aus Aarau verpflichtet. Die in sieben Baulose unterteilte, 7,35 km lange Strecke Goldau – Staffel führte stellenweise durch den zerklüfteten Rigi-Fels. Besonderen Aufwand erforderte die Trassierung in der geologisch schwierigen Kräbelwand. Auf diesem Abschnitt mussten zwei kurze Tunnels ausgebrochen und drei Eisenbrücken montiert werden. Der Oberbau entsprach demjenigen der Vitznau-Rigi-Bahn. Auch hier befestigten die Arbeiter die 12 cm hohe "Leiter-Zahnstange" auf Holzschwellen. Der einzige Unterschied bestand in der geringeren Maximalsteigung von 200‰. Die erste und gleichzeitig erfolgreiche Probefahrt überwachte Niklaus Riggenbach am 29. März 1875 als Lokführer selbst. Zwei Monate später erreichte ein erster Zug den Bahnhof Staffel, und am 3. Juni feierten die Offiziellen der Gesellschaft zusammen mit der Bevölkerung die Streckeneröffnung von Arth bis zum Kulm.
Zum Zeitpunkt der Inbetriebnahme des neuen Bahnhofs Arth-Goldau liess die ARB einen ungewöhnlichen Hochperron errichten. Es handelte sich dabei um ein stattliches Aufnahmegebäude, das mit einer gedeckten und seitlich verglasten Bahnsteighalle quer über die Gotthardbahn-Gleise ergänzt war. Mit Gesamtkosten von 172 574 sFr entstand ein auffälliges Bauwerk, das 1921 auf Begehren der SBB wegen deren Elektrifizierung um 41 cm angehoben werden musste. Das am 12. August 1897 eröffnete Gebäude erfüllt seine Aufgabe auch in heutiger Zeit. Seit bereits einem Jahrhundert können die Fahrgäste vom Bahnhofsplatz über eine Treppe und einen Aufzug zur Rigi-Bahn hochsteigen.

Hohe Baukosten

Die Baurechnung schloss mit 4,4 Mio sFr. Allein für das nachträglich beschlossene zweite Gleis von Staffel zum Kulm mussten 205 578 sFr aufgewendet werden. Eingeschlossen war auch ein Kostenbeitrag für die Anschaffung eines neuen Salondampfers der Zugersee-Schiffahrtsgesellschaft. Im Vergleich zu ähnlichen Bahnen belasteten die junge Unternehmung sehr hohe Baukosten. Während der Schwesterbahn auf der Rigi-Südseite Bauinvestitionen von 1,55 Mio sFr ausreichten, musste die ARB insgesamt 6,2 Mio sFr aufwenden. Eingeschlossen in dieser Summe ist ein Finanzbeitrag an die zwölf Arther Initianten, die die ihnen zugesprochene Konzession der Gesellschaft abgetreten hatten. Sie wurden anlässlich der Firmengründung am 10. Dezember 1871 mit einer Abfindung von insgesamt 960 000 sFr entschädigt.
Deshalb hatte die ARB bereits kurz nach ihrer Eröffnung erhebliche Mühe, mit ihren unerwartet bescheidenen Geschäftsergebnissen die Zinsen und die Amortisation des grossen Fremdkapitalanteils aufzubringen. Die unvermeidlichen Finanzprobleme hielten die Verantwortlichen folglich noch viele Jahrzehnte lang in Atem, und die Aktionäre verloren dabei einen Grossteil ihrer Einlagen.

Bild 47: Adhäsionslok E 3/3 fuhr bis zur Elektrifizierung auf der Strecke Arth – Oberarth – Goldau.

Bild 49: Gleich werden die ARB-Wagen von Arth nach Oberarth geschoben, wo eine Zahnradlok übernimmt (Juli 1876). **Abb. 47 und 49: Slg. Schorno**

Bild 48: Die auf kombinierten Betrieb umgebaute Berglok HG 1/2 Nr. 4 konnte als einziges Triebfahrzeug von Arth bis Rigi Kulm durchlaufen. **Abb.: Slg. Hürlimann**

Bau der Arth-Rigi-Bahn

Dank finanzieller Unterstützung der Bank in Winterthur und eines Thurgauer Industriellen konnte die Projektierung der Arth-Rigi-Bahn (ARB) unter Mitwirkung von Eisenbahnpionier Niklaus Riggenbach 1871 begonnen werden. Zuerst wurden die Gleise zwischen Rigi Staffelhöhe, Staffel und Kulm errichtet und nach Fertigstellung am 23. Juni 1873 umgehend der Vitznau-Rigi-Bahn (VRB) zum alleinigen Betrieb überlassen. Als Baukosten für diese 1761 m lange sogenannte Pachtstrecke waren vorerst 600 000 sFr aufzubringen.

Der Bauvertrag für die Trasse Arth – Oberarth – Goldau – Staffel wurde mit der Internationalen Gesellschaft für Bergbahnen (IGB) geschlossen. Dieser 1873 in Aarau neugegründeten Unternehmung standen die beiden erfahrenen Rigi-Bahnbauer Niklaus Riggenbach und Olivier Zschokke als Direktoren vor. Ihre Planung sah den Betrieb einer Talbahn mit reinem Adhäsionsantrieb (Arth am See – Oberarth) und einer Bergbahn mit Zahnstangenbetrieb (Oberarth – Goldau – Klösterli – Staffel) vor. Von dort sollte das bereits an die VRB verpachtete Schienenstück zum Rigi-Kulm als Gemeinschaftsstrecke mitbenützt werden. Auf insgesamt 11,25 km Streckenlänge sollten die Züge eine Höhendifferenz von 1327 m überwinden.

Dabei legten die Initianten Wert auf die bestmögliche Anbindung an die Dampfschiffe der Zugersee-Gesellschaft in Arth und an die internationalen Züge der im Bau befindlichen Gotthardbahn in Oberarth. Als touristisches Verkehrsmittel wurde die ARB vorerst ausschliesslich für Sommerbetrieb eingerichtet.

Die Talbahn Arth am See – Goldau

Diese Trasse wurde innerhalb von rund acht Monaten errichtet und zusammen mit der Bergstrecke am 4. Juni 1875 in Betrieb genommen. Die Adhäsionsbahn fuhr von Arth am Zugersee auf einem flachen, ziemlich geraden Gleis zum Nachbarort Oberarth (Betriebslänge 1400 m). Da die Gotthardbahn ihren regionalen Bahnhof ursprünglich in Oberarth errichten wollte, siedelten die Ingenieure das ARB-Betriebszentrum mit Depot und Werkstätte ebenfalls bei dieser Ortschaft an. Während der ersten 22 Betriebsjahre war dort ein Triebfahrzeugwechsel notwendig. Eine der Bergloks mit leicht geneigtem Kessel übernahm den Anhängewagen, um ihn im Zahnstangengleis via Goldau zum Rigi Kulm hochzuschieben.

Aus finanziellen Überlegungen entschied sich die Gotthardbahn-Gesellschaft (GB) aber kurzfristig für die Aufgabe des bereits teilweise ausgebrochenen Goldauertunnels. Statt das Dorf im lockeren Geröll zu unterfahren, entstand beim etwas erhöht liegenden Goldau vorerst ein provisorischer Kleinbahnhof. Über ein neues Gleisdreieck sorgten die ARB-Züge ab 1882 für Anschluss an die touristisch wichtige Alpenverbindung durch den Gotthard. Das Schienenstück zwischen Oberarth und Goldau wurde ausserdem um 14‰ flacher verlegt, um es künftig mit reinem Adhäsionsantrieb befahren zu können.

In Zusammenhang mit der Einführung der neuen Zufahrtstrecke aus (Zürich –) Zug – Walchwil errichtete die GB bis 1897 ihren

Die Gotthardbahn

Der gemeinsam von Italien, Deutschland und der Schweiz unterstützte Bau der international bedeutenden Schienenverbindung durch den Gotthardtunnel begann im Jahr 1872. Am Fusse der Rigi nahmen die Arbeiter drei Jahre später den Ausbruch des Richtstollens für den 2507 m langen Goldauertunnel in Angriff. Bereits 1876 erforderten stark überzogene Baubudgets im Tessin eine Redimensionierung des Projekts. Zu ihrer Rettung musste die Gotthardbahn-Gesellschaft (GB) die Erstellung der Zufahrtsstrecken von (Basel –) Luzern – Immensee sowie (Zürich –) Zug – Walchwil – Goldau vorläufig zurückstellen. Aus finanziellen Gründen entschied sich die Bauleitung unter dem deutschen Ingenieur Wilhelm Hellwag (1827 bis 1882) für die Aufgabe des Goldauertunnels und zu einer direkten Streckenführung über das Bergsturz-Plateau. Gleichzeitig wurde auch der Standort des geplanten Regionalbahnhofs von Oberarth nach Goldau verlegt.

Die Gotthardbahn nahm ihren durchgehenden Betrieb am 1. Juni 1882 von Chiasso nach Immensee auf. Von dort rollten ihre Züge über die Gleise der Aargauischen Südbahn weiter zur Grenze in Basel. Dank gutem Geschäftserfolg konnten die zurückgestellten Zufahrten Zürich – Zug – Goldau und Luzern – Immensee bereits am 1. Juni 1897 eröffnet werden. Bei der Verstaatlichung der Gotthardbahn-Gesellschaft im Jahr 1909 kamen alle ihre Strecken in den Besitz der SBB, die sie in den Jahren 1920 bis 1922 elektrifizierte. Über die interessante Gotthard-Alpenbahnverbindung berichtet ausführlich die EJ-Special-Ausgabe 2/1995.

Für die Arth-Rigi-Bahn entstanden durch die Bahnhofsverlegung nach Goldau bedeutende Mehraufwendungen. Aufgrund eines bundesrätlichen Schlichtungsvorschlags erhielt die ARB von der Gotthardbahn-Gesellschaft eine pauschale Abgeltung von 60 000 sFr zugesprochen. Im Gegenzug musste sie sich verpflichten, den öffentlichen Nahverkehr mit Oberarth und Arth ganzjährig sicherzustellen.

Wichtigste technische Daten

Strecke	Talbahn	Bergbahn
	Arth – Oberarth – Goldau	Goldau – Staffel – Kulm
Betriebslänge	2639 m	8551 m
Spurweite	1435 mm	1435 mm
Steigung (max.)	66‰	200‰
Baubeginn	April 1874	Juni 1873
Inbetriebnahme	4. Juni 1875	4. Juni 1875
Antrieb	Adhäsion	Zahnrad (Riggenbach)
Elektrifiziert	1. Jan. 1906	20. Mai 1907
Spannung	750 V Gleichstrom	750 V Gleichstrom (ab 1937 1500 V)
Einstellung	31. Aug. 1959	

haltung sorgten über 50 von den Rigi-Bahnen eingeladene Musikformationen aller Stilrichtungen aus dem In- und Ausland. Mit einer Dampferfahrt auf dem Vierwaldstättersee liess sich das "Live Steam-Erlebnis" auf der Rigi in attraktiver Weise erweitern. Die fünf Salonschiffe der Baujahre 1901 bis 1928 verkehrten den ganzen Sommer zwischen Luzern, Brunnen und Flüelen und boten weitere nostalgische Eindrücke inmitten der zauberhaften Berglandschaft der Urschweiz.

In Zusammenhang mit dem Jubiläum "150 Jahre Schweizer Eisenbahnen" werden die Rigi-Bahnen und die Schiffahrtsgesellschaften auf dem Vierwaldstättersee und auf dem Zugersee auch 1997 wieder Nostalgie-Rundreisen und Paradefahrten anbieten. Dabei wird voraussichtlich zum vorläufig letzten Mal auch die Lok Nr. 7 im Betrieb zu bewundern sein. Diese einzigartigen Volldampf-Angebote sind im Kapitel "Tips zur Reisevorbereitung" in diesem Special beschrieben.

Bild 43: Veteranen unter sich. Parallelfahrt der Dampfloks H 2/3 Nr. 16 und 17 sowie des Triebwagens BCFhe 2/3 Nr. 6 mit ihren nostalgischen Vorstellwagen (Bj. 1873 bis 1902) auf der Paradestrecke Kulm – Staffel. Die sorgfältig aufgearbeiteten Fahrzeuge stehen für Sonderfahrten zur Verfügung. Ihre Personenabteile sind teilweise im Stil der "Belle Epoque" restauriert.

Bild 44: Auf Rigi Kulm hat H 1/2 Nr. 7 am 30. Mai 1996 kurz Pause. Während der Lokführer die Schmierstoffe des Antriebs ergänzt, bläst das Sicherheitsventil ab.

Bild 45: Lok Nr. 7 wird am 17. Juni 1996 in Vitznau zur Bergfahrt bereitgestellt. **Abb. 44 und 45: Th. Küstner**

Bild 46 (rechte Seite unten): Parade der drei betriebsfähigen Rigi-Dampfloks am 18. Oktober 1996 an den Felsen von Blatten (b. Vitznau): H 1/2 Nr. 7 (Bj. 1973), H 2/3 Nr. 16 und 17 (1923/25). **Abb. 43 und 46: M. Horath**

Das Rigi-Bahnjubiläum 1996

Rechtzeitig zur Feier ihres 100-Jahr-Jubiläums liess die VRB bis 1971 ihre letzten gefeuerten Loks H 2/3 Nr. 16 und 17 betriebsfähig aufarbeiten. Sie erntete damals mit den erneut aufgenommenen Dampffahrten grossen Publikumserfolg. Und fast 25 Jahre später überraschten die Rigi-Bahnen die Eisenbahnfreunde mit der erfreulichen Nachricht, die in Luzern ausgestellte Stehkessellok H 1/2 Nr. 7 von 1873 wieder aufheizen zu wollen.

Welch ein Erlebnis für Jung und Alt, als sich diese ungewöhnliche Kleinlok nach mustergültiger Aufarbeitung am 12. März 1996 in Vitznau in Bewegung setzte und die ersten Meter auf ihren heimatlichen Schienen fuhr. Es lebte ja kaum jemand mehr, der sich an den Betriebseinsatz von "Riggenbachs Schnapsbrennereien" erinnern konnte.

Ab 21. März durfte das Publikum jeden Alters die Veteranin täglich auf Rigi Staffel beschnuppern. Wenn dann alle Fotos und Filme im Kasten waren, schob die "alte Dame" ihren 1871 gebauten Nostalgie-Vorstellwagen langsam und gemächlich zum Gipfelbahnhof Kulm hoch. Nach einer Pause beim eigens zum Jubiläum geschmiedeten Wasserkran rollte die vielbeachtete Komposition die 149 Höhenmeter talwärts zur Station Staffel. Dieses Spektakel wiederholte sich jeden Tag 10- bis 15mal. Ein findiger Journalist hat ausgerechnet, dass von den Verkaufsdiensten der Rigi-Bahnen bis zum Abschluss der Jubiläumsaktivitäten am 20. Oktober 1996 im restaurierten Zug aus der Eröffnungszeit insgesamt 146 880 Sitzplätze zu besetzen waren.

Wichtige Rollen im Dampfbahn-Schauspiel spielten auch der schnauzbärtige Lokführer mit rotem Halstuch und schwarzer Schirmmütze und die in historischen Uniformen gekleideten Schaffner. Sie hatten Tausende von Fragen zu beantworten, die ihnen von technisch interessierten Kindern, Eltern oder Lehrpersonen gestellt wurden. Für Reinigung und Unterhalt kehrte die wertvolle Lok jeden Abend ins Depot Vitznau zurück. Diese Berg- und Talfahrten absolvierte sie zur Schonung ohne ihren Vorstellwagen. Bei dieser Gelegenheit durften einige Glückliche in einem Polstersessel Platz nehmen, der auf der Stückgutablage vor dem Stehkessel montiert war. Eine begrenzte Zahl eingefleischter Eisenbahnfreunde konnte dabei die bis 250‰ steile Strecke im Freien aus der Führerstandsperspektive bewundern und der Lokmannschaft bei ihrer harten Arbeit zuschauen.

An einigen Samstagen gab es ausserdem ein Wiedersehen mit den beiden Dampfloks H 2/3, die ihre Gäste ebenfalls in nostalgischen Personenwagen von Vitznau zum Staffel hochbrachten. Zeitweise erklomm auch der älteste noch betriebsfähige Elektro-Zahnradtriebwagen der Welt von Arth-Goldau aus die Rigi. Der weisse BCFhe 2/3 Nr. 6 mit Baujahr 1911 setzte sich mit seinem gelben Vorstellwagen als gediegene Pullman-Komposition in Szene.

Zahlreiche über die Sommermonate verteilte Volksfeste boten ausgiebig Gelegenheit zum Feiern. Für die passende Unter-

Nun kommt es zu einem Stelldichein der beiden ehemals selbständigen Rigi-Bahngesellschaften. Zwar benützen die roten und die blauweissen Fahrzeuge im Gemeinschaftsbahnhof nach wie vor getrennte Gleise. Der unschöne Konkurrenzkampf mit aufwendigen Streitigkeiten vor den Gerichten ist aber schon lange Vergangenheit. Heute ermöglichen Weichen einen Fahrzeugaustausch, was nicht nur bei Betriebsstörungen oder Triebfahrzeugpannen wichtige Vorteile bringt. Was lange währte, wurde endlich gut: Die beiden Unternehmungen sind nun nach der Fusion von 1992 zusammengewachsen.

Die modernisierten ARB-Gleisanlagen der Ausweichstation Staffel sind am 8. November 1962 in Betrieb genommen worden. Sie ermöglichen das Kreuzen von je drei Pendelkompositionen. Dank ihrer elektrisch betriebenen Weichen, Lichtsignal- und Sicherungseinrichtungen darf sie noch heute zu den modernsten Einrichtungen dieser Art bei Zahnradbahnen gezählt werden. Bereits 1955 ersetzte das heutige Bahnhofsgebäude den ungewöhnlichen Holzbau aus der Eröffnungszeit. Am 12. Juni 1990 wurden die Anlagenteile der beiden Bahnen mit zwei Weichen verbunden. Das entsprechende Verbindungsgleis kann auch als Kreuzungs- oder Abstellgleis benützt werden.

Während die beiden Kompositionen auf dem Staffel eine kurze Rast einlegen, nähert sich Goldau vom Kulm her ein talwärtsfahrender Pendelzug. Wer zum markanten Sendemast am höchsten Punkt hochblickt, kann die vorsichtig "herunterschleichenden" Fahrzeuge gut erkennen.

Wenn dieser Zug den Staffel erreicht hat, wird die komplizierte Zahnstangenweiche elektrisch umgestellt. Damit wird die Fahrstrasse für den blau/weissen Zug aus Goldau vorbereitet.

Inzwischen hat auch der Vitznauer Zug den Abfahrbefehl erhalten, und los geht es in Richtung Kulm. Erneut setzt der Wagenführer seinen roten Pendelzug in Fahrt. Der letzte Aufstieg mit fast 220°/₀₀ Steigung verlangt nochmals die volle Leistung der Motoren.

Die beiden Rigi-Bahnen benützen auch heute noch zwischen den Stationen Staffel und Kulm zwei getrennte Schienenstränge. Die Goldauer Züge befahren in der Regel das südliche Gleis, die Vitznauer Kompositionen verkehren auf der nördlichen Zahnstangen-Trasse. Auf den letzten 800 m Streckenlänge führen die beiden Gleise mehr oder weniger parallel durch das felsige Gelände. Wie bereits früher beschrieben, liegt die getrennte Trassierung der Uneinigkeit beim Bahnbau 1874/75 zugrunde.

Was im Zwist entstanden ist, dient heute der Leistungssteigerung bei grossem Andrang anlässlich von Festlichkeiten und Sportveranstaltungen. Technisch sind die Gleise der beiden ehemaligen Bahngesellschaften identisch ausgerüstet. Denn bereits ab der Elektrifizierung der Vitznau-Rigi-Bahn im Jahr 1937 liess auch die Arth-Rigi-Bahn 1500 V Gleichstrom (früher 750 V) in ihre schon 1907 errichteten Fahrdrähte einspeisen.

Da die Schienen vom Spazierweg gut einzusehen sind, eignet sich die Doppelspur ideal für Fahrzeugparaden. Zur grossen Freude der Eisenbahnfotografen sollen solche Rollmaterial-Präsentationen in Zukunft mindestens einmal jährlich organisiert werden.

Mit dem Ausbau der Telekom-Übermittlungsanlagen entstand 1996 auch ein neuer, heute 90 m hoher Sendemast, der wie eine Nadel in den Himmel ragt. Das 1952 bis 1954 errichtete Berghotel mit 100 Gästebetten ist heute auch über einen unterirdischen Zugang vom Bahnhof aus zugänglich. Das alte, baufällige Stationsgebäude ist 1974 einem niedrigen Zweckbau mit offener Wartehalle gewichen.

Remise und Schiebebühne an den Bahnanlagen wurden erst im Frühjahr 1997 abgebrochen. Ein Neubau ist in absehbarer Zukunft geplant.

Bild 40: Im Oktober 1982 erklimmen gleichzeitig zwei Triebwagen die Steigung von Staffel nach Kulm. Oben der Bhe 2/4 Nr. 4, unten der noch nicht aufgearbeitete BDhe 2/3 Nr. 6. **Abb.: B. Hitz**

Bild 42: Der Pilatus erscheint im Herbst 1987 aus dem Nebel, während ein Bhe 2/4 der VRB auf dem letzten Streckenabschnitt zum Gipfel hochsteigt. **Abb.: P. Pfeiffer**

Bild 41: Auf der Gipfelstation Kulm werden zwei Pendelzüge der Rigi-Bahnen bald die Talfahrt nach Vitznau (links) und Arth-Goldau antreten. **Abb.: M. Senn**

fach geblieben: Die alten Holzgebäude und Remisen aus dem Dampfzeitalter sind alle verschwunden. Die Schiebebühne musste 1961 zwei aufwendigen Zahnstangenweichen Platz machen. Geblieben ist hingegen das Stumpengleis für das Abstellen von Güter- oder Sonderzügen. Zum Kreuzen oder Überholen können jeweils die talwärtsführenden Schienen der Doppelspur benützt werden. Kaltbad hat ein kleines Stellwerk, über das Sicherungsanlagen und Weiche ferngedient werden können.

Erlebnisfahrt Rigi Kaltbad – Rigi Kulm

Kurz bevor der Zeiger der Bahnhofsuhr auf 10.30 Uhr springt, eilt der Beamte aus seinem Büro und gibt pünktlich die Bewilligung zur Weiterfahrt. Abermals steigen das Schienenpaar und die Zahnstange bis 240‰ an. Sie wenden sich in einer leichten Kurve durch grüne Matten der nächsten Haltestelle Staffelhöhe (1550 m) zu. Das seit 1974 bestehende Stationsgebäude beherbergt einen weiteren Gleichrichter, damit der oberste Streckenabschnitt unabhängig mit Fahrstrom versorgt werden kann.

Auf der Staffelhöhe verlassen einige Gäste den Zug, um auf einem Spazierweg entlang der Felsbänder zum Staffel hochzuwandern. Sie werden unterwegs auf Sitzbänken rasten und ihre Blicke über die steilen Wände hinunter nach Küssnacht und zum Zugersee gleiten lassen. Doch keine Angst: Auch die in der Bahn Gebliebenen können kurze, lohnende Ausblicke erhaschen.

Die Fortsetzung der Strecke verläuft nun etwas flacher. Endlich öffnet sich der Blick auch gegen Osten. In Fahrtrichtung rechts kann bald der bergwärtsführende Schienenstrang der Arth-Rigi-Bahn eingesehen werden. Auf dem fast ebenen Bergsattel thronen weitere Hotelgebäude. Darüber markiert der Übermittlungsmast der Telekom den höchsten Punkt auf Rigi Kulm.

Vorerst macht der Pendelzug aber Halt im Bahnhof Staffel (1603 m). Von Goldau her schiebt soeben der weissgestrichene Triebwagen BDhe 2/3 Nr. 6 den 1899 in Dienst gestellten Nostalgie-Vorstellwagen B 35 vor das Aufnahmegebäude. Das in Sonderfahrt eingesetzte Fahrzeug gilt mit seinem Baujahr 1911 als der älteste, betriebsfähige Elektro-Zahnradtriebwagen der Welt.

Zahlenvergleich Vitznau/Weggis – Rigi

Jahr		1875	1938	1995	1995
Bahntyp		Zahnradbahn	Zahnradbahn	Zahnradbahn	Luftseilbahn
Betriebszeit		nur Sommer	ganzjährig	ganzjährig	ganzjährig
Fahrzeit Bergfahrt		74 Min.	30 Min.	30 Min.	10 Min.
Fahrzeit Talfahrt		74 Min.	40 Min.	40 Min.	10 Min.
Geschwindigkeit bergwärts		6 km/h	18 km/h	23 km/h	5 – 9 m/s
Geschwindigkeit talwärts		6 km/h	12 km/h	12 – 17 km/h	5 – 9 m/s
Reisende pro Jahr	Pers.	107 460	140 673	766 524	234 516
Fahrpreis 2.Kl. (E)	sFr	7	8	37	23
Fahrpreis 2.Kl. (HR)	sFr	10,50	11	52	32
Einnahmen Personen	sFr	422 460	322 273	7 966 118 [1]	1 839 565
Einnahmen Güter	sFr	76 619	36 364	710 399 [1]	–
Betriebsausgaben	sFr	196 085	282 342	8 735 875 [1]	1 477 814
Rechnungsergebnis	sFr	+ 306 830	+ 90 669	- 624 461 [1]	+ 222 356

E = Einfache Fahrt; HR = Hin- und Rückfahrt [1] Geschäftsergebnisse ARB und VRB zusammen

den sie weitere attraktive Sehenswürdigkeiten vorfinden.

Wer die Besonderheiten liebt, der lasse sich vor Sonnenaufgang auf die Rigi hochtragen. Wenn die Sonne hinter der Bergkette hochsteigt, dann kennt die Begeisterung keine Grenzen. Als attraktive Neuheit kann auch eine Abendfahrt angeboten werden, bei der die Kabine zum Partyraum umfunktioniert wird. Bei auf 0,75 m/s reduzierter Geschwindigkeit können Geburtstagsgäste sogar mit einem Dinner an weissgedeckten Tischen überrascht werden.

Technische Daten der Luftseilbahn

Betriebsart:	Luftseilbahn
Typ:	Pendelbahn 2 Kabinen
Talstation:	Weggis (499 m ü.d.M.)
Bergstation:	Rigi Kaltbad (1424 m)
Höhendifferenz:	924 m
Betriebslänge:	2330 m
Grösste Neigung:	790°/oo
Grösste Spannweite:	1083 m
Anzahl Stützen:	3
Anzahl Kabinen:	2 (je 76 Personen)
Antriebsleistung:	480 kW (Gleichstrom)
Geschwindigkeit:	5 bis 9 m/s
Fahrzeit (Vmax):	6 Min. 48 Sek.
Transportkapazität:	600 Pers./Std.
Betriebseröffnung:	15.07.1968
Erneuerung:	08.05.1993 (Kabine)
Erbauer:	Garaventa, Goldau
Reisende 1996:	257 909 Personen

Bild 39: Die elegante Panoramakabine schwebt von Weggis nach Rigi Kaltbad und ermöglicht den Fahrgästen im Frühsommer eine zauberhafte Aussicht auf den noch verschneiten Alpenkamm. Der Fotograf blickt nach Südwesten. **Abb.:** Archiv RB

Luftseilbahn Weggis – Rigi Kaltbad

Auch die Seegemeinde Weggis suchte eine direkte Verkehrsverbindung auf die Rigi. Private Initianten versuchten sie mit unterschiedlichen Konzessionsgesuchen zu realisieren. Vorerst wurde eine Standseilbahn zum Känzeli (1888), dann eine Zahnradbahn zur Staffelhöhe (1897) geplant. Um die beiden bereits bestehenden Rigi-Bahnen vor zusätzlicher Konkurrenz zu schützen, verweigerten die Bundesbehörden allen Bahnbau-Ideen ihre Zustimmung. Erst eine drohende Strassenerschliessung brachte den Durchbruch. Die Vitznau-Rigi-Bahn übernahm das konzessionsreife Projekt einer Luftseilbahn und beschaffte sich durch eine Aktienkapital-Erhöhung die zum Bau notwendigen Finanzen. Elf Monate nach dem Spatenstich nahm die Pendelbahn am 15. Juli 1968 ihren Betrieb auf.

Weggis

Dank seines sehr milden Klimas war der beliebte Ferienort Weggis (435 m ü.d.M.) als "Gemüsegarten der Stadt Luzern" bekannt. Sogar Wein, Edelkastanien und Palmen gedeihen an der geschützten Rigi-Südflanke. Im einstigen Fischerdorf legten 1832 erstmals Dampfschiffe an, und damit setzte der Fremdenverkehr ein. Die Sesselträger und Pferdeknechte brachten ihre Gäste fortan in rund sechs Stunden auf die Rigi. Heute verfügt der Ort über 1534 Fremdenbetten und bietet 3288 Einwohnern eine bevorzugte Wohnlage, die übrigens dank einer grosszügig ausgebauten Umfahrungsstrasse vor dem Durchgangsverkehr geschützt ist.

Die Talstation der Luftseilbahn liegt etwa 15 Gehminuten vom Schiffssteg Weggis entfernt. Die im Auto anreisenden Gäste profitieren von einem direkten Strassenanschluss und einer grossen Zahl an Parkplätzen.

Durch die Luft zum Berg

Die modern gestaltete Kabine mit ihren grossen Aussichtsfenstern setzt sich bald nach dem Einsteigen der Gäste in Bewegung. Immer schneller drehen oben die Laufwerkrollen auf den beiden 48 mm dicken Tragseilen, die unten am Boden mit 264 t Betongewichten abgespannt sind. Während die Häuser des attraktiven Feriendorfs Weggis auf Modellgrösse schrumpfen, wächst der Vierwaldstättersee nach und nach zu einer weiten Fläche an. Bald dominiert das tiefe Blau des Wassers, während im Hintergrund die Berggipfel in den Himmel ragen. Speziell der Pilatus zeigt sich von seiner imposanten Seite.

Während der Kabinenbegleiter die wichtigsten Felsspitzen im fernen Alpenkamm erläutert, garantiert eine topmoderne Elektronik die Sicherheit aller technischen Anlagen. Ihr Betrieb wird von der Talstation aus fernüberwacht. Mit bis zu 9 m pro Sekunde eilt die Kabine der ersten der insgesamt drei Stützen entgegen, die als Besonderheit in Betonbauweise errichtet wurden. Zur optimalen Abspannung der Kabel sind zwei der bis 44 m hohen Masten leicht geneigt im Boden verankert. Auf halber Strecke schwebt an den benachbarten Tragseilen fast geräuschlos die talwärts fahrende Panoramakabine vorbei und verschwindet hinter den Baumwipfeln. Mit etwas Glück kann in den Felsen sogar Wild beobachtet werden.

Der Aufstieg am Seil nach Rigi Kaltbad dauert nur rund zehn Minuten. Diese kurze Zeit reicht kaum zum Sattsehen. Schon verlangsamt die Bahn ihre Fahrt, und sanft legt sich die Kabine an die Plattform in der Bergstation. Beeindruckt von den aussergewöhnlichen Ausblicken, verlassen die Fahrgäste die Luftseilbahn. Beim Erkunden der Naturlandschaft rund um den autofreien Kurort Rigi Kaltbad (1440 m ü.d.M.) wer-

sprudelnden Kaltwasser-Quelle bei der Felsenkapelle. Die Bedeutung für Badekuren hat Rigi Kaltbad in der Vergangenheit eingebüsst. Nur noch der Name des Feriengebiets erinnert an die frühere Touristenattraktion. Der Ort mit rund 150 Einwohnern liegt auf dem Gebiet der Gemeinde Weggis, weshalb man sich dort in den sechziger Jahren stark für eine Luftseilbahn-Verbindung einsetzte. Im Jahr 1968 konnte diese leistungsfähige Pendelbahn ihren Betrieb aufnehmen. Auch sie ist im Besitz der Rigi-Bahnen, was die Konkurrenzsituation gegenüber der Zahnradbahn etwas mildert. Am Seil erreichen die Rigi im Sommer durchschnittlich 40% und im Winter 60% der Gäste.

Von Kaltbad aus führt ein attraktiver Wanderweg über das Känzeli zur Staffelhöhe hoch. Eine bezaubernde Aussicht auf See, Berge und zur Stadt Luzern entschädigt für die Mühen des Aufstiegs.

Die Gleisanlage in Rigi Kaltbad-First ist ein-

(Fortsetzung auf Seite 28)

Bild 37: Der neubeschaffte Bhe 4/4-Pendelzug hat den Bahnhof Rigi Staffel am 30. Dezember 1986 verlassen, wo auch ein ARB-Zug einen Zwischenhalt eingelegt hat.

Bild 35 (linke Seite oben): Am 14. Oktober 1984 fährt ein Zug von der Doppelspur her in den Bahnhof Kaltbad-First ein. **Abb. 35 und 37:** M. Senn

Bild 36 (darunter): Der Bhe 2/4 Nr. 4 leistet am 18. Oktober 1987 dem damals 50jährigen Triebwagen Nr. 3 in Kaltbad-First Gesellschaft.

Bild 38: Im Februar 1988 rollt Nr. 4 mit dem Skiläufer-Vorstellwagen 26 auf der Doppelspur zwischen Kaltbad und Romiti talwärts. **Abb. 36 und 38:** P. Pfeiffer

senden, dass sich Natur und Technik auch gut vertragen können. Hier findet der Wanderer neben einem Wasserfall auch eine wildromantische Höhle, die im Sommer zeitweise für Festveranstaltungen genutzt wird.

Inzwischen hat die 1986 in Dienst gestellte Komposition seit der Abfahrt in Vitznau bereits fast 600 Höhenmeter bezwungen und nähert sich nun der Station Freibergen (1026 m). Dort beginnt die bereits im Jahr 1874 eröffnete Doppelspur nach Rigi Kaltbad. Seit 1959 leitet eine Zahnstangenweiche die Züge auf die beiden Schienenstränge, die wegen des felsigen Untergrunds nicht überall parallel und auf gleicher Höhe verlegt werden konnten. Dank dieser doppelten Gleisführung stieg die Leistungsfähigkeit der Strecke beachtlich. Damit konnte im unteren Teil auf teure Kreuzungsstellen verzichtet und durch die Vermeidung von Wartezeiten ein flüssiger Fahrplan gewährleistet werden.

Im Gegensatz zu den Dampfzügen können die mit einer automatischen Scharfenberg-Kupplung festverbundenen Pendelkompositionen einmännig geführt werden. Bei den gut frequentierten Zügen fährt aber immer ein Schaffner mit, um sich den kommerziellen Aufgaben (Fahrkartenkontrolle und Auskünfte) zu widmen.

Die nächste Haltestelle trägt den Namen Romiti-Felsentor (1195 m) und weist auf eine nahegelegene Sehenswürdigkeit hin. Auf Schusters Rappen lässt sich die Rigi-Landschaft besonders gut erkunden. Von allen Bahnstationen aus weisen die gelben Markierungen die Wanderfreunde zum umfangreichen Wegnetz mit seinen zahlreichen Aussichtspunkten. In Romiti befindet sich auch eine Gleichrichterstation von 1500 kW Leistung, die die Betriebsenergie in die Fahrleitung einspeist.

Rigi Kaltbad-First

Nach einer Fahrzeit von 18 Minuten rattert der Zug über die elektrisch betriebene Weiche an den Bahnsteig von Rigi Kaltbad (1453 m). Der Wortzusatz "First" erinnert an den ursprünglich rund 15 Gehminuten entfernten gleichnamigen Hotelbetrieb, der gleichzeitig mit der Rigibahn errichtet und 1948 ein Raub der Flammen wurde. Die schon früher erwähnte Meterspur-Dampfbahn zum First-Hotel und zu den Gastbetrieben auf Rigi Scheidegg (1648 m ü.d.M.) stellte ihren Betrieb aus wirtschaftlichen Gründen bereits 1931 ein. Über ihre 1943 abgebaute Trasse führt seitdem ein bequemer Panoramaweg, auf dem auch der Weiseneggtunnel und die 1874 erbaute Schweisseisenbrücke bei Unterstetten begangen werden können.

Das schreckliche Schicksal einer Feuersbrunst erlitt 1961 auch das einstige Grandhotel Kaltbad. Als Ersatz entstand wenig später in der damals typischen Betonarchitektur das heutige Hotel mit 100 Gästebetten und einem Kongresszentrum.

Die touristische Entwicklung begann hier im 18. Jahrhundert dank der noch heute

EJ-Special 3/1997 · 24

Bild 34: Aus Anlass des Jubiläums "70 Jahre Rigi-Wintersport" verkehrte am 18. Januar 1997 erstmals seit langer Zeit wieder ein Dampf-Reisezug durch die Schneelandschaft. Die Aufnahme der Lok H 2/3 Nr. 17 entstand oberhalb von Kaltbad-First. **Abb. 32 und 34:** Th. Küstner

Bild 33: Blick aus dem Wagenfenster Richtung Pilatus bei der Bergfahrt in der 250‰-Steigung unterhalb Kaltbad. **Abb.: K. Bieri**

Bild 32: Da ein Strassenzugang fehlt, transportiert die Bahn die Alpenmilch zur Käserei nach Vitznau (Pendelzug Bhe 4/4 am 15. Juni 1996 bei Freibergen). Blick auf Buochserhorn und Titlis.

das Revier des im gleichen Jahr angeschafften Akku-Rangiertraktors Ta 2/2 Nr. 1, der den Wagenverschub zwischen Depotareal und Bahnhof abwickelt. Das von Stadler gelieferte Fahrzeug besitzt keinen Zahnradantrieb und fährt 8 km/h schnell. Bereits 1967 musste das baufällige Bahnhofschalet einem grosszügigen Neubau weichen. Im hellen dreistöckigen Aufnahmegebäude sind seit 1968 eine geräumige Wartehalle mit Fahrkartenschalter, das Stationsbüro mit Handgepäck- und Güterraum, ein Personal- und Sanitätszimmer untergebracht. Die oberen Stockwerke beherbergen die Direktion und Verwaltung. Neben einem Kiosk ist auch das örtliche Verkehrsbüro eingemietet.

Nach der Inbetriebnahme der neuen Bahnhofsbauten liess die Rigibahn ihren Abfahrtsbereich neugestalten. Durch eine Tieferlegung des Streckengleises konnte der bisher mit Schranken bewachte Hauptstrassenübergang in einer Unterführung gequert werden. Diese Lösung schaffte auch willkommenen Raum zur Errichtung eines mit einer komplexen Zahnstangenweiche erschlossenen zweiten Bahnhofsgleises mit Zwischenperron. Heute finden sowohl auf dem Abfahrts- als auch auf dem Ankunftsgleis drei Triebwagenzüge Platz.

In Zusammenhang mit der Aufschüttung einer neuen Seeuferpromenade erhielt die VRB im Frühjahr 1982 ein zehntes Depotgleis mit Fahrleitung, wo bei Grossandrang die Reservekompositionen bereitgestellt werden konnten.

Eine weitere Grossinvestition bedeutete der Ersatz des alten sechsständigen Depots mit seinem Uhrenturm. Mit Unterstützung der Gemeinde Vitznau entstand 1990/91 eine seeseitig verglaste Wagenhalle mit moderner Werkstätte. Auf ihrem Flachdach finden seitdem 150 Autos einen Parkplatz am Bahnhof. Ausserdem bestehen leistungsfähige Umschlageinrichtungen für Baustoffe und Heizöl, denn auch in heutiger Zeit erfolgt die Versorgung der autofreien Bergstationen in erster Linie per Bahn. Und damit besitzt der Güterverkehr bei den Rigi-Bahnen nach wie vor eine grosse Bedeutung.

Bei Hochbetrieb

Der Betrieb einer Bergbahn ist immer stark wetterabhängig. Wenn in unteren Lagen dicker Nebel die Bevölkerung quält, dann wird der Ruf "Rigi hell" zu einem wichtigen Werbeargument. Auf der Suche nach der wärmenden Bergsonne strömen dann kurzfristig Tausende nach Vitznau, Weggis oder Goldau. Dies erfordert eine entsprechende Betriebsorganisation. In kürzester Zeit können in Vitznau die benötigten Triebwagen aus der Halle rollen und bei Bedarf mit Vorstellwagen verstärkt werden.

Natürlich ist die Bergfahrt mit einem elektrischen Triebwagen nicht ganz so spektakulär wie in einem Dampfzug. Dafür erreicht man mit Elektrotraktion den Ferienort Kaltbad oder den Kulm 35 bis 40 Minuten früher, denn bei der Speisung über den Fahrdraht liegt die Geschwindigkeit bis zu 10 km/h höher.

Beim Regelbetrieb sind jeweils zwei Kompositionen unterwegs, bei Grossandrang können bis zu acht Züge berg- und talwärts in Fahrt gesetzt werden.

Erlebnisfahrt Vitznau – Rigi Kaltbad

"Vom See auf den Berg in rund 30 Minuten", so lautet das Angebot der Rigi-Bahnen in den Neunzigern. Für den Aufstieg in solch kurzer Zeit müssen die Pferdestärken der neuesten Fahrzeuge in Trab gesetzt werden: Heute steht der modernste Pendelzug mit dem Triebwagen Bhe 4/4 Nr. 22 und dem Steuerwagen Bt 32 am Bahnsteig. Pünktlich um 10.10 Uhr geht die Fahrt auf 435 m über Meereshöhe los.

Wie die Dampfloks arbeiten auch die Motorwagen talseitig am Zug. Nach der Ausfahrt aus dem Bahnhof drehen die Zahnräder vorerst in der 70 bis 190‰ steilen Leiterzahnstange, die dann nach und nach bis zum Maximalwert von 250‰ Neigung aufsteigt. Oberhalb des Dorfes ist auf der rechten Wagenseite eine grosse Aushöhlung im Nagelfluhfels zu erkennen. Sie bietet einem Wohnhaus Schutz, das sich in ungewöhnlicher Weise dicht an die Wand lehnt.

Während sich rechts die Felsen, Wiesen und Wälder abwechseln, bietet sich links in Fahrtrichtung ein herrlicher Ausblick zum See und hinüber zum Pilatus und Bürgenstock. Über dem Vitznauer Kirchturm grüssen in der Ferne der Uri-Rotstock und andere Alpengipfel.

Bedingt durch die fehlende Strassenerschliessung der Rigi-Hänge sind die Bewohner von abgelegenen Häusergruppen und Bauernhöfen auf die Dienstleistungen der Bahn angewiesen. Auf der Vitznauer Bergflanke sind dazu im Fahrplan zwei Bedarfshalte eingeplant. Zwischen den beiden Haltestellen Mittlerschwanden (685 m ü.d.M.) und Grubisbalm (910 m) muss der Zug die tiefe Rinne des Schnurtobels überwinden. Vorerst verdunkelt sich die Umgebung im 66,5 m langen Schwandentunnel. Unmittelbar anschliessend ist die Trasse 80 m weit in einen Vorspannbeton-Kasten verlegt. Dieses moderne, einmal abgestützte Bauwerk ist 1957 bis 1958 entstanden und ersetzte die noch von Riggenbach konstruierte Schweisseisenbrücke.

Weidende Kühe begrüssen den Zug bei der Alp Grubisbalm und beweisen den Mitrei-

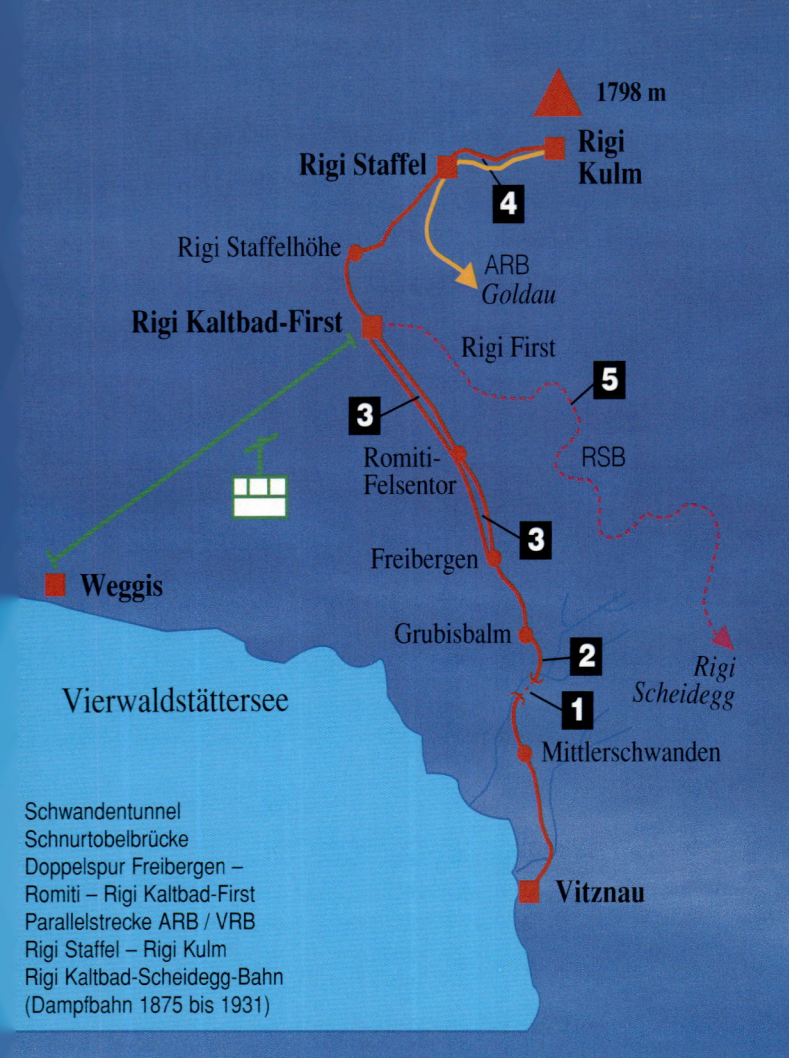

Schwandentunnel
Schnurtobelbrücke
Doppelspur Freibergen –
Romiti – Rigi Kaltbad-First
Parallelstrecke ARB / VRB
Rigi Staffel – Rigi Kulm
Rigi Kaltbad-Scheidegg-Bahn
(Dampfbahn 1875 bis 1931)

Bild 31: Die Triebwagen des Typs Bhe 4/4 prägen seit den achtziger Jahren das moderne Erscheinungsbild der Rigi-Bahnen. Ein entsprechender Pendelzug wartet am 16. Mai 1996 in Vitznau auf die Abfahrt. **Abb. 30 und 31:** Th. Küstner

Reisebericht Vitznau – Rigi Kulm

Über den See zum Berg

Die Anreise nach Vitznau führt in der Regel über den Vierwaldstättersee, der dank seiner Lage inmitten einer herrlichen Berglandschaft für eine ideale Einstimmung auf das Rigibahn-Abenteuer sorgt. Ob man nun zur unvergesslichen Schiffahrt in Luzern, Brunnen oder Flüelen startet, in jedem Fall kommt man sowohl mit der Natur als auch mit der Technik hautnah in Berührung. Den Liebhabern von Dampfmaschinen sei empfohlen, die fünf in der Sommersaison regelmässig auf dem See verkehrenden Salon-Raddampfer der Baujahre 1901 bis 1928 zu benutzen. Ihre Kessel werden heute mit umweltfreundlichem Leichtöl geheizt. Die sorgfältig restaurierten Schiffe gelten damit als wichtige Zeugen des schweizerischen Maschinenbaus.

Die Rigi ruft!

Bei schönstem Sommerwetter wirkt der Vierwaldstättersee als Magnet. So auch in Luzern, wo Hunderte erholungsuchender Gäste den Schiffsstegen unweit des Bahnhofs zuströmen. Heute liegt der Salondampfer "Schiller" vertäut an der Lände, bereit zur morgendlichen Nostalgiefahrt nach Flüelen. Punkt neun Uhr ertönt der Befehl "Leinen los" mit der dumpfen Dampfpfeife, und das 1906 gebaute Schiff setzt sich gemächlich in Bewegung. Die historische Luzerner Altstadt und die Kapellbrücke bleiben zurück, während der Steuermann Kurs Richtung Rigi nimmt. Über den Bug hinweg ist der Aussichtsberg bereits recht gut zu sehen. Unter der Aufsicht des Kapitäns werden unterwegs verschiedene Uferstationen angefahren. Jedesmal ist das Anlege- und Ablegemanöver eine attraktive Abwechslung. Der spitze Bug pflügt die leichten Wellen beiseite, während die seitlichen Schaufelräder rhythmisch ins Wasser eintauchen. Während die einen Gäste im originalgetäfelten Salon "Belle Epoque" auf dem Oberdeck an der Kaffeetasse nippen, stehen andere an der Reling und bewundern die Uferlandschaft oder die greifbar nahen Felswände des Bürgenstocks. Die technisch Interessierten werfen zur gleichen Zeit einen Blick in den Bauch des nach dem deutschen Poeten Friedrich von Schiller benannten Dampfers, um die Arbeit der schrägliegenden Zweizylinder-Heissdampf-Verbundmaschine zu beobachten. Dank ihrer Leistung von 515 kW bringt sie das 63 m lange, formschöne Schiff auf max. 28 km/h Geschwindigkeit.

Vorerst macht die "Schiller" im Luftkurort Weggis Halt, von wo die Luftseilbahn in rund 10 Minuten nach Rigi Kaltbad hochschwebt. Sie ist erst 1968 errichtet worden, weshalb ihre Talstation oberhalb des Dorfes an der Umfahrungsstrasse eingerichtet wurde. Sie kann von den Schiffsbenützern in 15 Gehminuten erreicht werden. Doch die Eisenbahnfreunde suchen das aussergewöhnliche Zahnradbahn-Abenteuer und bleiben deshalb noch einige Minuten länger auf dem Schiff. Nach fast einer Stunde Fahrzeit seit Luzern legt dann der Dampfer am Steg in Vitznau an, wo die roten Triebwagen bereits auf Gäste warten. Da für die Bergfahrt zur Rigi jeweils gute Anschlüsse bestehen, müssen knapp zehn Minuten für Foto- oder Filmaufnahmen auf dem Bahngelände reichen. Wem dies nicht genügen sollte, der kann sich problemlos Zeit lassen: Die Züge fahren in der Hauptreisezeit alle 50 bis 60 Minuten bergwärts.

Vitznau heute

Seit der Beschreibung im Reisebericht zur Dampfzeit (um 1912) hat sich das Bahnhofsgebiet in Vitznau stark verändert. In den letzten Jahrzehnten sind fast alle Gebäude durch moderne Neubauten ersetzt und die Schienenanlage zweckmässig erweitert worden. Auch heute noch dominiert auf dem Bahnhofplatz die Drehscheibe als Verbindung zwischen den Abfahrts- und Depotgleisen. Seit 1982 steht hier eine Wendeplatte mit 16 m Durchmesser und einer Tragkraft von 45 t im Einsatz. Sie ist

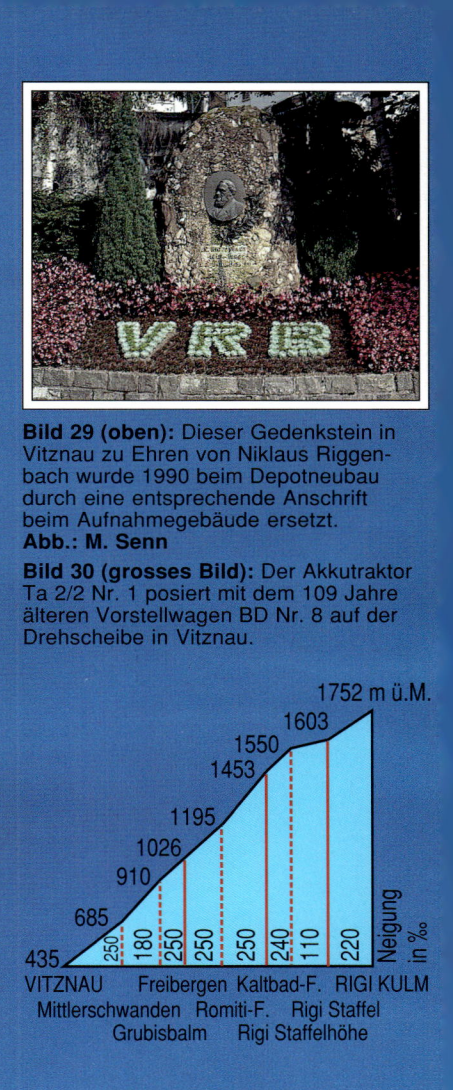

Bild 29 (oben): Dieser Gedenkstein in Vitznau zu Ehren von Niklaus Riggenbach wurde 1990 beim Depotneubau durch eine entsprechende Anschrift beim Aufnahmegebäude ersetzt.
Abb.: M. Senn

Bild 30 (grosses Bild): Der Akkutraktor Ta 2/2 Nr. 1 posiert mit dem 109 Jahre älteren Vorstellwagen BD Nr. 8 auf der Drehscheibe in Vitznau.

Vitznau – Rigi Kulm		
Bahnhöfe	Höhe m ü.d.M.	km
Vitznau	435	0,00
Mittlerschwanden (H)	685	1,25
Grubisbalm (H)	910	2,16
Freibergen	1026	2,69
Romiti Felsentor (H)	1195	3,49
Rigi Kaltbad-First	1453	4,62
Rigi Staffelhöhe (H)	1550	5,19
Rigi Staffel	1603	6,14
Rigi Kulm	1752	6,97
Steigung max.		250‰
Streckenlänge		6,972 km
davon Doppelspur		1,883 km
Kleinster Kurvenradius		120 m
Spurweite Normalspur		1435 mm
Zahnstangensystem		Riggenbach
Anzahl/Länge Tunnels		1/66,5 m
Grössere Brücken		1/80,0 m
Baubeginn		15.09.1869
Eröffnung		
Vitznau – Staffelhöhe		21.05.1871
Staffelhöhe – Rigi Kulm		27.06.1873
Elektrifizierung		03.10.1937
Stromsystem		Gleichstrom 1500 V
(H = Haltestelle)		

in Angriff. Durch Kuhweiden klettert er nun zur Pension Edelweiss hoch, wo in einem Holzschuppen die Haltestelle Staffelhöhe untergebracht ist. Er beherbergte ursprünglich auch die Pferde, die die Touristen vor der Bahneröffnung zum Kulm hochtrugen. Hier verläuft die Grenze zwischen den Kantonen Luzern und Schwyz. Der Luzerner Unternehmung VRB war deshalb in den ersten vier Betriebsjahren eine Fortsetzung ihrer Bergfahrt untersagt. Erst 1875 konnten ihre Dampfzüge zum Staffel und Kulm weiterfahren, nachdem die Arther Bahngesellschaft ihre selbstgebaute Trasse der vermeintlichen Konkurrenz in Pacht überlassen hatte. Auf dem Staffel finden die Schienenstränge der beiden Rigi-Zahnradbahnen zusammen. Ihre Gleise verlaufen getrennt durch den Bahnhof, auf den Einbau von Schiebebühnen oder Weichen hatte man bewusst verzichtet. Ein gemeinsamer Betrieb mit dem Austausch von Rollmaterial war ja damals nicht vorgesehen. Genau 64 Minuten nach der Abfahrt in Vitznau strömt erneut Dampf in die Zylinder der H 1/2 Nr. 9, und die Maschine bugsiert die Lok in den letzten steilen Abschnitt. Pro Zugkilometer muss der Heizer durchschnittlich 28,7 kg Kohle in die Feuerbüchse werfen, um das 18 t schwere Triebfahrzeug und seinen Vorstellwagen in Bewegung zu halten. Um der Rauchplage Herr zu werden, hatte man die Maschinen ab 1895 mit Rauchverbrennern System Langer ausgerüstet.

Der Gipfel ist erreicht!

Um 11.44 Uhr erreicht der vollbesetzte Zug die Bergstation Kulm (1752 m). Hier enden die Trassen der beiden Rigi-Bahnen vor einer hölzernen Remise. Ein mehrstöckiges Aufnahmegebäude beherbergt die Diensträume und Personalunterkünfte. Seit der Abfahrt am See sind 74 Minuten vergangen. Nach 6,97 km Fahrt mit max. 7,5 km/h Geschwindigkeit haben die kleine Lok und das Fahrpersonal die Mittagspause redlich verdient. Danach werden sie alle wieder zur Talfahrt ansetzen, um dann nach erneut 74 Minuten das Tagespensum in Vitznau zu beenden.

Auf Rigi Kulm bestand damals eine kurze Schiebebühne vor einer hölzernen Wagenremise, um deren drei Einstellgleise erreichen zu können. Erst bei einem Umbau dieser Einrichtung im Jahr 1952 schuf man die baulichen Voraussetzungen für einen Rollmaterialaustausch zwischen VRB und ARB.
Um den 1798 m hohen Gipfel gruppierten sich zur Dampfzeit mehrere unterschiedliche Bauten. Doch das imposante Kulmhotel der Gebrüder Schreiber überragt sie alle. Das protzige Bauwerk war zur Eröffnung der Arth-Rigi-Bahn errichtet worden. Im gewaltigen, mit Türmchen geschmückten Palast und in den Nebengebäuden konnten insgesamt 500 Gästen untergebracht werden. Dank der ungewöhnlichen Lage auf dem Gipfel durften die Rigi-Besucher unter Balkonzimmern mit herrlichen Ausblikken in alle vier Himmelsrichtungen wählen. Der überdimensionierte Hotelbetrieb wurde erst in den fünfziger Jahren abgebrochen und durch ein zeitgemässes, der Landschaft besser angepasstes Berghotel ersetzt.

und Häuser bleiben zurück, und die Strecke nähert sich den Nagelfluh-Felswänden. Über einen mit Steinplatten befestigten Damm erreicht die Trasse die Anhöhe bei Schwanden. Hier verschwindet die Komposition kurz im einzigen Tunneldurchstich der Strecke und nähert sich anschliessend dem Schnurtobel. Ein von Ingenieur Niklaus Riggenbach projektierter und in der Centralbahn-Werkstätte in Olten erbauter Brückenübergang trägt das Gleis über diese kritische Stelle. Die schweisseiserne Konstruktion von 76 m Länge ruhte ursprünglich auf nur zwei Stützen. Bereits 1885/86 ist das Bauwerk an drei weiteren Stellen abgestützt worden. Während der Dampfzug donnernd über den genieteten Eisenbalken fährt, lehnt sich ein Streckenwärter auf dem seeseitig angebrachten Gehweg ans Bogengeländer.

Zischend entweicht der Dampf aus den Ventilen, Zahn um Zahn schiebt der Antrieb die Komposition bergwärts. Die Gäste im hölzernen Wagen geniessen die Aussicht auf die tieferliegende Wasserfläche des Vierwaldstättersees. Die offenen Abteile können bei Schlechtwetter mit Vorhängen vor Regen und Wind geschützt werden. Bald erreicht der Zug die Haltestelle Freibergen, wo ein kurzer Diensthalt eingelegt wird. Heizer und Lokführer lassen Wasser in die Vorratsbehälter fliessen, während der Schaffner die Fahrausweise kontrolliert. Er hangelt sich dabei auf dem Trittbrett von Abteiltür zu Abteiltür und entwertet mit seiner Billettzange die Fahrkarten.

In Freibergen liegt seit 1874 auch der Übergang von der Einspur auf die 1,9 km lange Doppelspur. Die Gleise sind über eine handbetriebene Schiebebühne angeschlossen. Es ist Aufgabe der Schaffner, die Bühne um rund 1,5 m seitlich in Richtung Hang zu kurbeln, um dem talwärtsfahrenden Zug den Anschluss ans einspurige Streckengleis zu ermöglichen. Dabei bewegt sich ein offener Stahlrost über zwei Rollen, und der entsprechend gebogene Gleisabschnitt fügte sich zum gewünschten durchgehenden Schienenstrang zusammen.

Wenn die Wasservorräte ergänzt sind, wird das Einfüllrohr wieder ordentlich an den Holzpfahl der Zuleitung aufgehängt. Der Schaffner nimmt erneut seinen Platz vorne auf dem Vorstellwagen ein, um auch weiterhin die Strecke überblicken und bei Bedarf die Notbremse betätigen zu können. Die Taschenuhr zeigt 10.58 Uhr; also höchste Zeit zur Weiterfahrt.

In den ersten Betriebsjahren legten die Verantwortlichen besonders grossen Wert auf die Sicherheit des Bahnbetriebs. Man wollte verhindern, dass die neue Technik durch Unfälle in Verruf kam. Bei diesen Vorsichtsmassnahmen spielte der Personalbedarf kaum eine Rolle. So musste auf kritischen Streckenabschnitten ein Wärter mit Bergstock vor dem Dampfzug gehen, um Felsbrocken zu entfernen oder das Vieh zu vertreiben. Ausserdem hatte sich ein Bediensteter auf dem Dach in einen Sessel zu setzen und die Bremsen aus luftiger Höhe zu bedienen.

Inzwischen erreicht der Zug keuchend die Station Rigi Kaltbad-First.

Auf Rigi Kaltbad

Eine beeindruckende Ansammlung von touristischen Gebäuden und Bahnanlagen überraschte den Gast bei der Ankunft auf Rigi Kaltbad (1438 m ü.d.M.). Der Übergang von der Doppelspur auf die Einspur lag – bedingt durch die Geländeverhältnisse – unterhalb des Bahnsteigs. Eine Schiebebühne führte die Streckengleise zusammen und diente gleichzeitig als Anschluss an das Stumpengleis für Güterzüge sowie zur hölzernen Wagenremise beim Hotel Bellevue.

Rechts, gegenüber dem VRB-Aufnahmegebäude, begannen die Schienen der meterspurigen Scheidegg-Bahn. An zwei kurzen Abfahrtsgleisen lag eine freistehende Wartehalle im "Laubsäge-Stil", während mehrere Weichenverbindungen zur Lok- und zur Wagenremise führten. Eine Klein-Dampflok mit einem Personenwagen erwartete jeweils die Ankunft der Rigibahn-Züge. Sie fuhr dann anschliessend in rund 25 Minuten in reinem Adhäsionsbetrieb zum First-Hotel und zu den Kur- und Badebetrieben auf Rigi Scheidegg.

Kaltbad verdankte seine touristische Be-

Bild 27: H 2/3 Nr. 17, die jüngste VRB-Dampflok (Bj. 1923), rollt um 1933 mit zwei Vorstellwagen zwischen Staffel und Staffelhöhe talwärts.

Bild 28: Blick vom Rotstock auf Rigi Staffel. Hier stösst auch die Trasse aus Goldau hinzu. Dann führen die Schienen fast parallel zum Kulm hoch.

Bild 26 (links unten): Seltene Aufnahme mit sieben Dampfzügen bergwärts. Sie ist 1936 kurz vor der Elektrifizierung oberhalb von Kaltbad-First entstanden. Ganz vorn die stärkeren H 2/3.
Abb. 26 bis 28: Slg. Hürlimann

deutung aber in erster Linie dem Grandhotel, das sich oberhalb des Bahnhofs in hellem Anstrich präsentierte. Ein grosser Schlossbau mit einer riesigen Aussichtsterrasse und zahlreichen Nebengebäuden lud die komfortverwöhnten Sommergäste zu Ferienaufenthalten ein. Das giebelreiche Dach trug auch zwei Türme, die die Eleganz noch unterstreichen sollten. Mit seinen 200 Betten durfte das Grandhotel Kaltbad zu den bedeutendsten Gastbetrieben in der Schweiz gerechnet werden. Im Musikpavillon vor dem Hotel spielte während der Sommersaison ein 30köpfiges Orchester. Das mit kaltem Quellwasser gespeiste Kurbad war in früheren Jahrhunderten sehr bekannt. Später war der Gästestrom dann vor allem der würzigen Höhenluft, der herrlichen Aussicht und der warmen Bergsonne zu verdanken.

Weiterfahrt zum Staffel

Nur zwei Minuten Aufenthalt sind im Fahrplan vorgesehen. Pünktlich um 11.20 Uhr nimmt der Dampfzug die nächste Steigung

Bild 23 (linke Seite): Die 1891/92 umgebauten Loks Nr. 7 und 9 präsentieren sich im Bahnhof Vitznau. Der kleine Kamin hinter dem Führerstand der Loks leitet das verdampfte Kühlwasser der Gegendruckbremse ab.

Bild 24: Die handkolorierte Ansicht zeigt die eiserne Schnurtobelbrücke vor dem verschneiten Pilatus und dem Bürgenstock.
Abb.: Slg. Hürlimann

Bild 25: Auf Talfahrt bremst die Lok u.a. mit in die Zylinder eingepresster Luft.
Abb. 23 und 25: Archiv RB

sätzlicher fakultativer Zug durfte nur auf die Strecke, wenn sich zu seiner Abfahrtszeit mindestens 24 Personen in Vitznau eingefunden hatten. Ausserhalb des Fahrplans führte die VRB bei Bedarf einzelne Güterzüge, um die Berghotellerie mit Handelswaren, Lebensmitteln und Baumaterial zu bedienen.

Während der ersten 35 Jahre war der Bahnbetrieb jeweils von Mitte Oktober bis Ende Mai eingestellt, da auch die Hotelbetriebe geschlossen blieben. Das mit Jahresvertrag angestellte Personal arbeitete während der Wintermonate in der Werkstätte in Vitznau, wo die Instandhaltung und der Umbau des Rollmaterials für genügend Beschäftigung sorgte.

Auch die Stehkessellokomotiven (Nr. 1 bis 10) liess die VRB zwischen 1882 bis 1892 in der eigenen Werkstätte umbauen und auf liegende Kessel umrüsten. Damit erreichte man zwar keine Leistungssteigerung. Doch der ruhigere Lauf bei höherem Gewicht und die geringeren Reparaturaufwendungen liessen die Umbaukosten von bis zu 10 000 sFr pro Maschine rentabel erscheinen.

Die Abfahrt

Kurz vor der Abfahrt mussten Bahnhofsbedienstete bei den drei Strassenübergängen im Dorf Vitznau die Holzbretter hochklappen. Damit legten sie die leicht erhöhte Zahnstange frei, die für Pferdefuhrwerke und die ersten Automobile ein gefährliches Hindernis darstellte. Durch das Ausstrecken von roten Flaggen wurden die Fahrzeugführer auf der Strasse vor dem Zug gewarnt.

Den Fahrplanbetrieb diktierte eine grosse Uhr über dem Bahnsteig. Über eine Leiter musste das Personal regelmässig hochklettern, um ihr Laufwerk von Hand aufzuziehen. Zur Abfahrtszeit schloss der Schaffner die neun Abteiltüren des seitlich offenen Vorstellwagens. Dann stellte er sich vorne auf die Überwachungsplattform zur Bremseinrichtung. Anschliessend erteilte der Bahnhofsvorsteher den Fahrbefehl. Mit einem kurzen Pfiff quittierte der Lokführer diese Meldung. Nun setzte die Lok mit Zischen und Stampfen ihre Zugkomposition in Bewegung. Es ruckte stark, bis ihre Maschinenleistung von 170 bis 250 PS erreicht war.

Reisebericht um 1912

So muss sich die Bergfahrt zum Kulm kurz vor dem Ersten Weltkrieg präsentiert haben.

Seit der Abfahrt in Vitznau um 10.30 Uhr sind bereits 10 Minuten vergangen. Mit lauten Auspuffschlägen kämpft sich die Lok H 1/2 Nr. 9 über die 250‰-Steigung. Viel dunkler Rauch wird aus dem Kamin geblasen. Der See sowie die Vitznauer Hotels

Reisen anno dazumal
Mit Dampf Vitznau – Rigi Kulm

Die Vitznauer Bahnanlagen

Der Schweizer Holzbaustil des 19. Jahrhunderts empfing den Reisenden bereits beim Verlassen des Dampfschiffes. Wer über den schmalen Steg auf festen Boden trat, wurde um 1900 von einem rustikalen Wartehaus mit gebogenem Dach empfangen. Hinter den mit Werbeplakaten geschmückten Fassaden fertigte die Schiffahrtsgesellschaft ihre zahlreichen Reisenden ab. Nach wenigen Schritten waren bereits die ersten mit Zahnstangen bestückten Schienen zu entdecken. Durch einen Lattenzaun abgesperrt, lag mitten auf dem Bahnhofsplatz eine offene Drehscheibe mit einem Radius von 12 m. Von ihr aus strebten fächerförmig die sechs Zufahrtsgleise zum mit einem Uhrentürmchen versehenen hölzernen Maschinenhaus und zur etwas zurückliegenden Fahrzeugremise. Die offenliegende Drehscheibe diente damals gleichzeitig als Putzgrube zum Unterhalt des Rollmaterials. Während im Depotgebäude eine kleine Drehscheibe zu sechs Lokständen führte, erschloss in der Remise eine Schiebebühne die Einstellplätze für Loks und Vorstellwagen. Zusätzlich lag parallel zum Seeufer ein Verladegleis an einem Güterschuppen, um die auf dem Seeweg eintreffenden Waren direkt auf die Schienenfahrzeuge umladen zu können.

Das Aufnahmegebäude vor dem einzigen Abfahrtsgleis präsentierte sich im zeitgenössischen Chaletstil. Während die Gäste in einer grosszügigen Gaststätte verpflegt werden konnten, musste sich das Bahnpersonal mit engen Platzverhältnissen begnügen. Durch ein schmales Fensterchen an der seeseitigen Hausfront konnten die Fahrkarten bezogen werden. Ebenfalls im Erdgeschoss lagen die beiden Büros der Verwaltung, die oberen Stockwerke belegten die Personalwohnungen.

Am freistehenden, mit Efeu überwachsenen Aborthaus vorbei gelangte man auf den gedeckten Bahnsteig, wo bereits eine Dampflok mit ihrem Vorstellwagen bereitstand. Während die ersten Gäste vom Schaffner ihre Plätze zugewiesen erhielten, wurde von Angestellten mit vereinten Kräften ein weiterer Wagen auf die Drehscheibe gerollt. Dann hantierte der Depotwärter an der Kurbel, um eine Verbindung mit dem 70‰ steilen Abfahrtsgleis herzustellen. Auf dem kurzen Gleisstumpen auf Seeseite wartete bereits die nächste Dampflok, um anschliessend ihren Vorstellwagen an den Bahnsteig hochzuschieben.

Zur Vorbereitung des Tagesbetriebs gehörte die aufwendige Arbeit zur Bereitstellung der Betriebsstoffe und beim Aufheizen der Dampfloks. Dies geschah jeweils frühmorgens in den sechs Standplätzen im halbrunden Maschinenhaus. Vom Kohlenlager hinter dem Depotgebäude mussten die 10 kg schweren Briketts mit Schubkarren zu den Loks gebracht werden. Inzwischen baute der Heizer das Feuer nach und nach auf. Die Gase aus den Lokkaminen gelangten durch die Hauben der Rauchabzüge ins Freie. Sobald im Kessel der Betriebsdruck erreicht war, rollten die Loks über die kurze Drehscheibe im Gebäude und durch die Wagenremise auf den Bahnhofplatz hinaus.

Der Fahrplan

Im Sommer 1871 fuhren nur zwei Tageszüge nach Rigi Kaltbad und Kulm. Ein zu-

tenteils über eine Spezialanleihe finanziert. Im Betrag eingeschlossen war auch die Anschaffung von drei Triebwagen des Typs Bhe 2/4, die in den Werkstätten der SLM und BBC gefertigt wurden. Am 3. Oktober 1937 fuhr die VRB erstmals durchgehend mit elektrischer Energie, die die bahneigene Gleichrichteranlage auf Romiti in Form von 1500 V Gleichstrom in die Fahrleitung einspeiste. Als einziger fahrleitungsloser Abschnitt verblieb noch bis 1963 das bergseitige Gleis der Doppelspur Freibergen – Rigi Kaltbad.

Neben verminderter Rauchplage und mehr Sauberkeit brachte der elektrische Betrieb eine bedeutende Fahrzeitverkürzung. Die Triebwagen benötigten für die Bergfahrt nur noch 30 statt 74 Minuten und erfreuten sich bei den Reisenden dank ihres ruckfreien Antriebs sofort grosser Beliebtheit. Weniger Freude hatten wohl die vom anschliessenden Stellenabbau betroffenen Mitarbeiter/innen, denn durch die Einschränkung der gefeuerten Traktion gingen immerhin 33 Arbeitsplätze verloren. Nach der Beschaffung der Ellok He 2/2 für Güter- und Dienstzüge im Jahr 1938 konnte die Zahl der betriebsfähigen Dampfloks von elf auf vier Einheiten reduziert werden.

Die elektrischen Triebwagen erbringen heute eine Leistung von 331 bis 824 kW und eine Höchstgeschwindigkeit von 18 bis 20 km/h (bergwärts) und 12 km/h (talwärts). Zur Verbesserung der Energieversorgung erhielten 1954 der Bahnhof Vitznau und 1976 die Station Staffelhöhe weitere Gleichrichteranlagen.

Im Jubiläumsjahr 1996 umfasste der VRB-Triebfahrzeugpark fünf Triebwagen (Baujahre 1937 bis 1965), eine Ellok (1938) und zwei Pendelzüge (1986). Diese elektrischen Fahrzeuge legten zwischen Vitznau und Rigi Kulm im Jahr etwa 75 000 km zurück und verbrauchten dabei ungefähr 900 000 kWh Strom, was der Bahngesellschaft Energiekosten von rund 90 000 verursachte.

Weitere Einzelheiten zum Rollmaterial sind dem Kapitel "Die Fahrzeuge Rigi und Pilatus" (Seite 72 ff) zu entnehmen.

Dampf auch in Zukunft

Bis in die heutige Zeit konnten noch die beiden jüngsten Dampflokmotiven H 2/3 Nr. 16 und 17 (Baujahre 1923/25) gerettet werden. Sie kommen jeweils im Sommer und Winter vor Nostalgiezügen zum Einsatz. Durch regelmässige Revisionen werden diese Fahrzeuge für die Zukunft betriebsfähig erhalten.

Zur grossen Freude aller Liebhaber von Dampfmaschinen entschieden sich die Rigi-Bahnen und die Schweiz. Lokomotiv- und Maschinenfabrik aus Anlass ihrer beiden 125-Jahr-Jubiläen zur Wiederinstandsetzung der Museumslok H 1/2 Nr. 7. Sie war 1873 als erstes Triebfahrzeug in den Winterthurer Werkstätten konstruiert worden und fuhr bis 1937 auf den VRB-Gleisen. Die älteste noch betriebsfähige Zahnrad-Stehkessellok der Welt konnte 1996 zwischen Vitznau und Kulm sowie 1997 zwischen Arth-Goldau und Kulm im Einsatz erlebt werden. Im Herbst 1997 kehrt sie wieder an ihren alten Standplatz in der neugestalteten Schienenhalle des Verkehrsmuseums in Luzern zurück.

Bild 22: Beim Zwischenhalt in Freibergen wird Wasser nachgefasst. Die Stehkesselloks trugen auch eine Plattform für das schon reichliche Gepäck der Fahrgäste. **Abb. 20 bis 22: Slg. Hürlimann**

Bild 21 (rechts): Unter Aufsicht des Streckenwärters überquert die talwärts fahrende Komposition die Schnurtobelbrücke. Das Bild zeigt die Lok Nr. 2 im Jahre 1883 vor dem Umbau.

Bilder links von oben nach unten:

Bild 18: Bei einer der ersten offiziellen Fahrten kurz nach Bauabschluss durften die VRB-Aktionäre mitfahren (Vitznau, 1871).

Bild 19: In Freibergen verband um 1883 eine Schiebebühne die beiden Trassen der Doppelspurstrecke. Während die Lok H 1/2 Nr. 7 noch ihren ursprünglichen Stehkessel trägt, verfügt die Lok Nr. 1 bereits über einen liegenden Kessel. **Abb. 18 und 19: Archiv RB**

Bild 20: Die Bahnhofsanlage Vitznau um 1872.

diesem Abschnitt erwirtschafteten Bruttoeinnahmen. Dies war ein bedeutender Betrag, der später wegen der Finanzprobleme der Goldauer Bahngesellschaft sogar bis auf 85% hochgehandelt wurde. Von 1983 bis zur Fusion 1992 erhielt die ARB eine Jahrespauschale von 280 000 sFr.

Die Aktionäre durften mit den Geschäftsergebnissen zufrieden sein. Die technischen Schwierigkeiten beschränkten sich auf wenige Kinderkrankheiten bei den Stehkesselloks. Die Fahreinnahmen ermöglichten während der Monopoljahre 1872 bis 1874 die Auszahlung von Dividenden zwischen 15 und 20%. Mit der Inbetriebnahme der Arth-Rigi-Bahn 1875 pendelte sich die Rendite bis zum Ersten Weltkrieg bei durchschnittlich 9% ein.

Dann begannen die schwierigen Jahrzehnte mit einem Verkehrsrückgang, und die Dividendenzahlungen mussten eingestellt werden. In Zusammenhang mit der Elektrifizierung musste das Aktienkapital sogar teilweise abgeschrieben werden. Nach einem Zwischenhoch ab 1947 begannen für die Anteilseigner in aller Welt im Jahr 1978 wieder ertraglose Zeiten. Dies hat sich bis heute nicht geändert. Glücklicherweise gehört auch die 1968 eröffnete Luftseilbahn Weggis – Rigi Kaltbad zur Gesamtunternehmung der Rigi-Bahnen. Sie hilft mit ihren guten Geschäftsergebnissen, die Fehlbeträge der beiden Zahnradbahnen ab Vitznau und Arth-Goldau zu decken.

Elektrifizierung der VRB

Eine erste Anregung zur Umstellung auf elektrischen Betrieb prüfte die Bahngesellschaft bereits 1894. Die Verantwortlichen legten die Pläne aber vorerst zur Seite. Erst als sich die Pilatusbahn Anfang der dreissiger Jahre für den Fahrdraht entschieden hatte, sah sich auch die VRB zum Handeln gezwungen. In Zusammenhang mit einem Arbeitsbeschaffungsprogramm erhielt die Bahndirektion 1934 zur Umstellung auf Elektrotraktion öffentliche Finanzbeiträge zugesprochen. Der damalige Direktor, Ing. H. Lang, besass als ehemaliger Leiter des elektrischen Versuchsbetriebs Seebach – Wettingen der Maschinenfabrik Oerlikon (MFO) bereits Erfahrungen beim Umgang mit der "weissen Kohle".

Die Elektrifizierung von Vitznau zum Rigi Kulm kostete 570 000 sFr und wurde gröss-

in den Unterwegsstationen entstanden Hochbauten im zeitgemässen Holzstil. Die Trasse endete vorläufig nach 5,19 km Länge an der Grenze zwischen den Kantonen Luzern und Schwyz auf der Staffelhöhe. Die Bauabrechnung entsprach dem Voranschlag von 1,25 Mio sFr.

Zur Eröffnung am 21. Mai 1871 fuhren zwei bekränzte Dampfzüge die Rigi-Südflanke hoch. Den ersten Zug mit den Regierungsvertretern der Eidgenossenschaft und des Kantons Luzern, mit Politikern, Prominenten und den Rigibahn-Verwaltungsräten steuerte Niklaus Riggenbach als Lokführer höchstpersönlich.

Obschon der Deutsch-Französische Krieg eine verspätete Ablieferung eines Teils des im Ausland hergestellten Oberbaumaterials mit sich brachte, konnte der Fahrplanbetrieb pünktlich am 22. Mai 1871 aufgenommen werden.

Ausbau dank Grosserfolg

Der erste Betriebssommer brachte bereits einen grossen Erfolg: Insgesamt 60 263 Gäste vertrauten sich der neuen Eisenbahn an. Die Erbauer machten sich deshalb rasch Gedanken über die Möglichkeiten einer Leistungssteigerung auf der Strecke. Die Geschäftsführung entschied sich umgehend für die Einrichtung eines zweiten Gleises zwischen Freibergen und Rigi Kaltbad-First, das bereits am 1. Juni 1874 erstmals befahrbar war.

Bereits 1873 konnte mit der Arth-Rigi-Bahn (ARB) ein Pachtvertrag ausgehandelt werden, um deren Strecke von Staffelhöhe zum Kulm mitbenützen zu können. Nach abgeschlossenem Trassenbau durften die VRB-Züge ab 27. Juni des erwähnten Jahres bis zum Gipfel hochfahren. Als Entschädigung erhielt die ARB ursprünglich 50% der auf

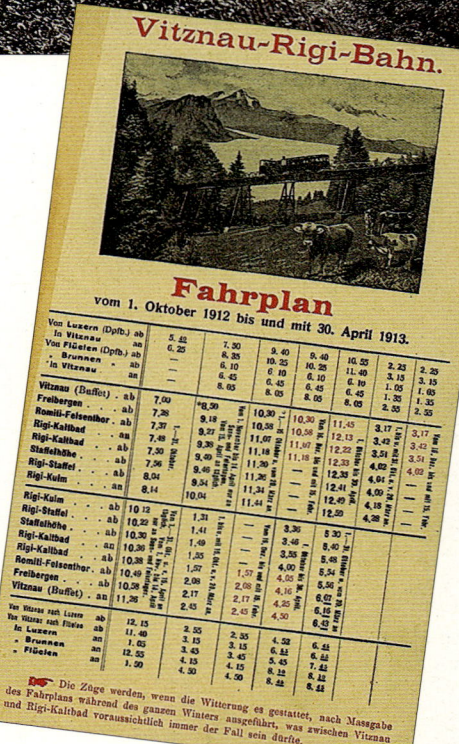

Bild 14: VRB-Komposition um 1876 auf dem höchstgelegenen Streckenabschnitt mit üblicher Personalbegleitung. **Abb. 14 und 16: Slg. Hürlimann**

Bild 15: Probefahrt 1879 unter den kritischen Augen der Bahnbauer Naeff, Zschokke und Riggenbach.

Bild 16: Vitznau nach der Bahneröffnung. Unten am See die Drehscheibe, links davon die Wagenremise und dahinter der Lok-Rundschuppen mit den Kaminen.

Bild 17 (rechts unten): Die im Fahrplan 1912/13 rot markierten Züge verkehrten auch in den schneereichen Monaten. **Abb. 15 und 17: RB**

Bau der Vitznau-Rigi-Bahn

Pionier Niklaus Riggenbach fand am damals schon international beliebtesten Schweizer Aussichtsberg Rigi einen idealen Ort zur Realisierung seiner bisher in der Praxis kaum erprobten neuen Eisenbahn-Technik. Er suchte dazu die Mitarbeit der beiden Ingenieure Olivier Zschokke (1826 bis 1898) aus Aarau und Adolf Naeff (1809 bis 1899) aus St. Gallen, die ausser ihren Erfahrungen im Bauwesen auch wichtige politische Beziehungen einbrachten. So gelang es 1869 innerhalb weniger Monate, die Konzession und die Baubewilligung sowohl bei der Luzerner Regierung als auch bei den Bundesbehörden zu erhalten. Mit Unterstützung einflussreicher Freunde klappte auch die Finanzierung problemlos: In einem Tag wurden 2398 Anteilscheine gezeichnet. Damit verfügte die Aktiengesellschaft mit Sitz in Luzern über mehr als genügend Bau- und Betriebskapital. Die Arbeiten begannen Mitte September 1869. Laut Vertrag hätte die Bahn innerhalb von acht Monaten fertig sein sollen.

Diesem kühnen Vorhaben war allerdings kein Erfolg beschieden. Die kalte Witterung in den ersten Monaten des Jahres 1870 brachte Verzögerungen. Bis Ende März war der aufwendige Einschnitt bei der Plattenwand oberhalb von Vitznau ausgebrochen. Nun konnten die ersten Schienen und Zahnstangen verlegt werden. In der Werkstätte der Schweiz. Centralbahn (SCB) in Olten entstanden inzwischen unter Anleitung des Konstrukteurs Riggenbach die Lokomotiven mit ihren aussergewöhnlichen Stehkesseln. Dort warteten auch schon die Einzelteile des wichtigsten Brückenbauwerks auf ihren Transport nach Vitznau und auf den Aufbau im Schnurtobel.

Der 30 m hohe Bachübergang aus Schweisseisen und genietetem Blech konnte erst nach erfolgtem Durchstich des 66,5 m langen Schwandentunnels aufgerichtet werden. Durch die Rekrutierung von bis zu 600 Arbeitern und viel Nacht- und Sonntagsarbeit wuchs der Schienenstrang stetig. Am 18. Mai 1870 traf die erste Stehkessellok H 1/2 auf dem Seeweg in Vitznau ein. Anlässlich seines 53. Geburtstages durfte Niklaus Riggenbach seine sensationelle Technik auf einer 300 m langen Versuchsstrecke erstmals vorführen. Die Lok schob dazu zwei Güterwagen mit Eichenschwellen und Fahrgästen bergwärts. Auch die Bremsversuche auf der Talfahrt verliefen zur Zufriedenheit der Experten. So durften ab 7. Juli erste Material- und Dienstzüge mit Dampfkraft zu den Baustellen verkehren.

Die Bahnhofsanlage in Vitznau konnte drei Wochen später vollendet werden. Hier und

radbahn der Welt, die dank einer speziellen Zahnstange sogar Steigungen bis zu 480‰ bewältigen kann. Sie beginnt in Alpnachstad (440 m ü.d.M.) und endet nach 4,62 km auf Pilatus Kulm (2073 m).

Das vorliegende Special stellt die noch heute spektakulären Zahnradbahnen an Rigi und Pilatus vor. Die Autoren legten grossen Wert auf die Dokumentierung der technischen Entwicklungsgeschichte dieser für den Alpentourismus wegweisenden Gebirgsstrecken. Sie trugen dazu viel unveröffentlichtes Bildmaterial aus Bahnarchiven und Privatsammlungen zusammen. Gleichzeitig haben sie versucht, möglichst attraktiv über die anlässlich des 125-Jahr-Jubiläums der Vitznau-Rigi-Bahn durchgeführten Erlebnisfahrten mit Dampf- und Elektrotraktion sowie über die zeitlich befristete Wiederinbetriebnahme der ungewöhnlichen Stehkessellok von 1873 zu berichten.

Thomas Küstner, Beat Moser

Bild 13: Der Voralpen-Express verkehrt mehrmals täglich zwischen Bodensee und Zentralschweiz, hier mit BT-Lok Re 4/4 auf der Trasse der Südostbahn (SOB) bei Satte-Aegeri. **Abb.: B. Hitz**

Bild 11 (ganz oben): Der Voralpen-Express zieht bei Küssnacht a/R. am Ufer des Vierwaldstättersees und an der Rigi vorbei (Lok Re 440, Ex-SBB-Re 4/4 IV). **Abb. 11 und 12: Th. Küstner**

Bild 12 (oben Mitte): Heute stehen die vier Prototypen in SOB-Diensten, hier mit Werbeanstrich "Märklin-Metallbaukasten" am 15. Juni 1996 bei Meggen vor der Kulisse des Bürgenstocks.

Bild 10 (links oben): Auf dem Vierwaldstättersee verkehren noch fünf ölgefeuerte Salondampfschiffe. Das Flaggschiff "Stadt Luzern" (Bj. 1928) verlässt den Hafen Flüelen. **Abb.: P. Rüegger**

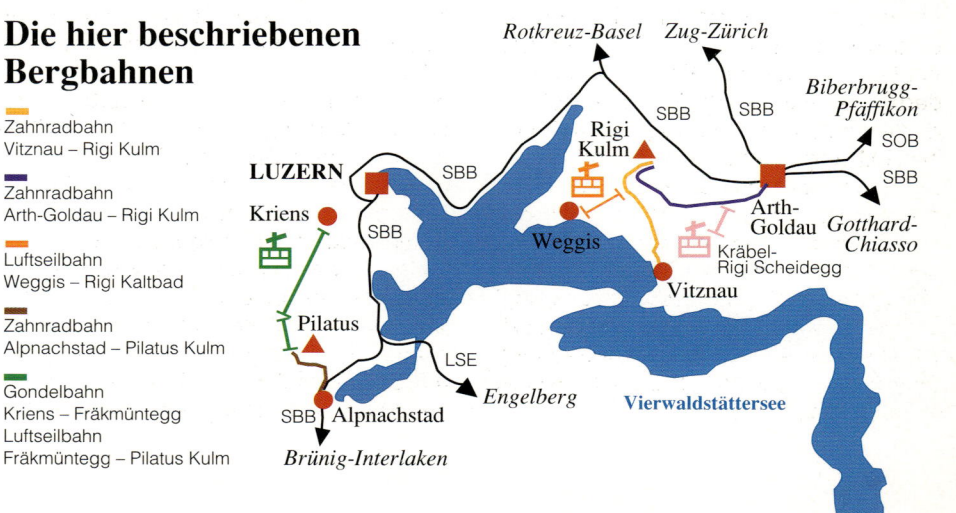

Die hier beschriebenen Bergbahnen

Zahnradbahn
Vitznau – Rigi Kulm

Zahnradbahn
Arth-Goldau – Rigi Kulm

Luftseilbahn
Weggis – Rigi Kaltbad

Zahnradbahn
Alpnachstad – Pilatus Kulm

Gondelbahn
Kriens – Fräkmüntegg
Luftseilbahn
Fräkmüntegg – Pilatus Kulm

Den majestätischen Pilatus mit seinen steilen Kalkfelsen erklärten die Behörden lange Zeit aus Aberglauben zum Banngebiet. Damit durfte er bis 1594 nicht betreten werden. Die Rigi hingegen gehörte damals ausschliesslich den Hirten, die hier ihr Vieh zur Sömmerung auf die vielen Alpweiden hochtrieben. Ab Beginn des 18. Jahrhunderts suchten viele Tausend Pilger im Wallfahrtsort Rigi Klösterli Rat und Trost. Hundert Jahre später entdeckte der aufkeimende Alpentourismus die Rigi als Ausflugsziel. Mit Trägern und Dienerschaft erklommen die begüterten Gäste aus dem In- und Ausland den Berg zu Fuss oder auf dem Pferderücken. Viele Besucher liessen sich auch von Einheimischen in Sesseln hochtragen. Die Königin der Berge (Mons Regius) war in Mode gekommen. Wenigstens einmal im Leben wollten die Erlebnishungrigen einen Sonnenaufgang auf der Rigi bewundert haben.

Kein Wunder also, dass gerade dieser Berg als Europas erster Gipfel mit einem Schienenverkehrsmittel bezwungen werden sollte. Gleich von zwei Seiten her wurde eine Erschliessung verwirklicht: Von Vitznau am Vierwaldstättersee aus führte ab 1873 eine 6,85 km lange Trasse und von Arth am Zugersee ab 1875 eine Gleisverbindung von 11,2 km zur Gipfelstation auf Rigi Kulm (1751 m ü.d.M.).
Als Erbauer dieser Bahnen erwarb sich vor allem Niklaus Riggenbach (1817 bis 1899) internationales Ansehen. Erstmals in Europa realisierte er im Reiseverkehr den Zahnradantrieb, mit dessen Hilfe die Dampfzüge sogar Steigungen von bis zu 250‰ bewältigen konnten. Wesentlichen Anteil an dieser damals revolutionären Technik-Entwicklung hatte auch der Amerikaner Sylvester Marsh (1803 bis 1884), der bereits im Jahr 1869 den 1917 m hohen Mount Washington im US-Staat New

Hampshire mit einem ähnlichen System bezwungen hatte. Auch diese einzigartige Anlage ist heute noch in Betrieb und gilt als älteste Zahnradbahn der Welt.
Der erfolgreiche Betrieb der Rigi-Bahnen löste in der Schweiz und im Ausland ein Bergbahn-Baufieber aus. Die für damalige Verhältnisse bequemen und schnellen Verkehrsmittel gaben dem Tourismus einen ungeahnten Aufschwung. Sie spornten aber auch die Maschinenindustrie zu immer neueren Entwicklungen an. So durfte die Schweiz. Lokomotiv- und Maschinenfabrik (SLM) Winterthur 1873 mit der Stehkessellok H 1/2 Nr. 7 das erste in ihren Werkstätten fertiggestellte Triebfahrzeug an die Vitznau-Rigi-Bahn liefern.
Neue Ideen waren von den Ingenieuren auch bei der Erschliessung des Pilatus gefordert. Hier entstand unter Eduard Locher-Freuler (1840 bis 1910) zwischen 1886 und 1889 die bis heute steilste Zahn-

Bild 7: Ein Südblick aus der Perspektive des Lokführrers während der Talfahrt bei Mittlerschwanden. **Abb.:** K. Bieri

Bild 6: Bei der 240‰ steilen Bergfahrt auf der Rigi-Südflanke können oberhalb von Kaltbad-First u.a. der Uri Rotstock (rechts) und der Oberbauenstock (links) bewundert werden. **Abb.:** J. Müller

Vorwort

Im Herzen der Schweiz liegt der zauberhafte Vierwaldstättersee, der mit seinen Armen und Buchten in alle Himmelsrichtungen weist. An seinen Ufern gründeten 1291 die Vertreter der drei Urkantone auf der Rütliwiese mit einem Schwur die Schweizerische Eidgenossenschaft und besiegelten diesen Akt mit einem überlieferten Bundesbrief.

An diesem See liegt auch die Heimat von Wilhelm Tell, dessen Lebensgeschichte dank Friedrich von Schiller weltweit bekannt geworden ist.

Seit im 13. Jahrhundert der Gotthardpass begehbar war, fuhren auch die Barken mit wichtigen Handelsgütern über den See. Der kürzeste Handelsweg zwischen Nord- und Südeuropa führte an den Hafenorten Luzern und Flüelen vorbei und bot der Bevölkerung in der Zentralschweiz wichtige Arbeitsplätze.

Am Vierwaldstättersee erheben sich die ersten Voralpengipfel und gestatten bei guter Witterung einen prächtigen Rundblick auf das hügelige Schweizer Mittelland und den Alpen-Hauptkamm. Die zwei berühmtesten Aussichtsberge sind die Rigi (1798 m ü.d.M.) und der Pilatus (2119 m). Von ihren Anhöhen aus können das mit Schnee und Eis bedeckte Hochgebirge der Glarner, Urner und Berner Alpen sowie die Schwyzer und Appenzeller Berge bewundert werden. Beim Blick Richtung Norden präsentiert sich in der Ferne das Hügelland zwischen Jura und Schwarzwald. Eine weite Landschaft mit Städten, Dörfern, Seen und Flusstälern liegt hier dem Gast zu Füssen.

Bild 9: Zwischenhalt in Freibergen zum Schmieren und Wasserfassen. Ohne die richtige Dosierung der Schmierstoffe wäre störungsfreier Dampfbetrieb undenkbar.

Bild 8: Bei geschobenen Zügen hat der Schaffner die Strecke aus dem Bremserhaus an der Spitze der Komposition aufmerksam zu beobachten. **Abb. 8 u. 9:** B. Hitz

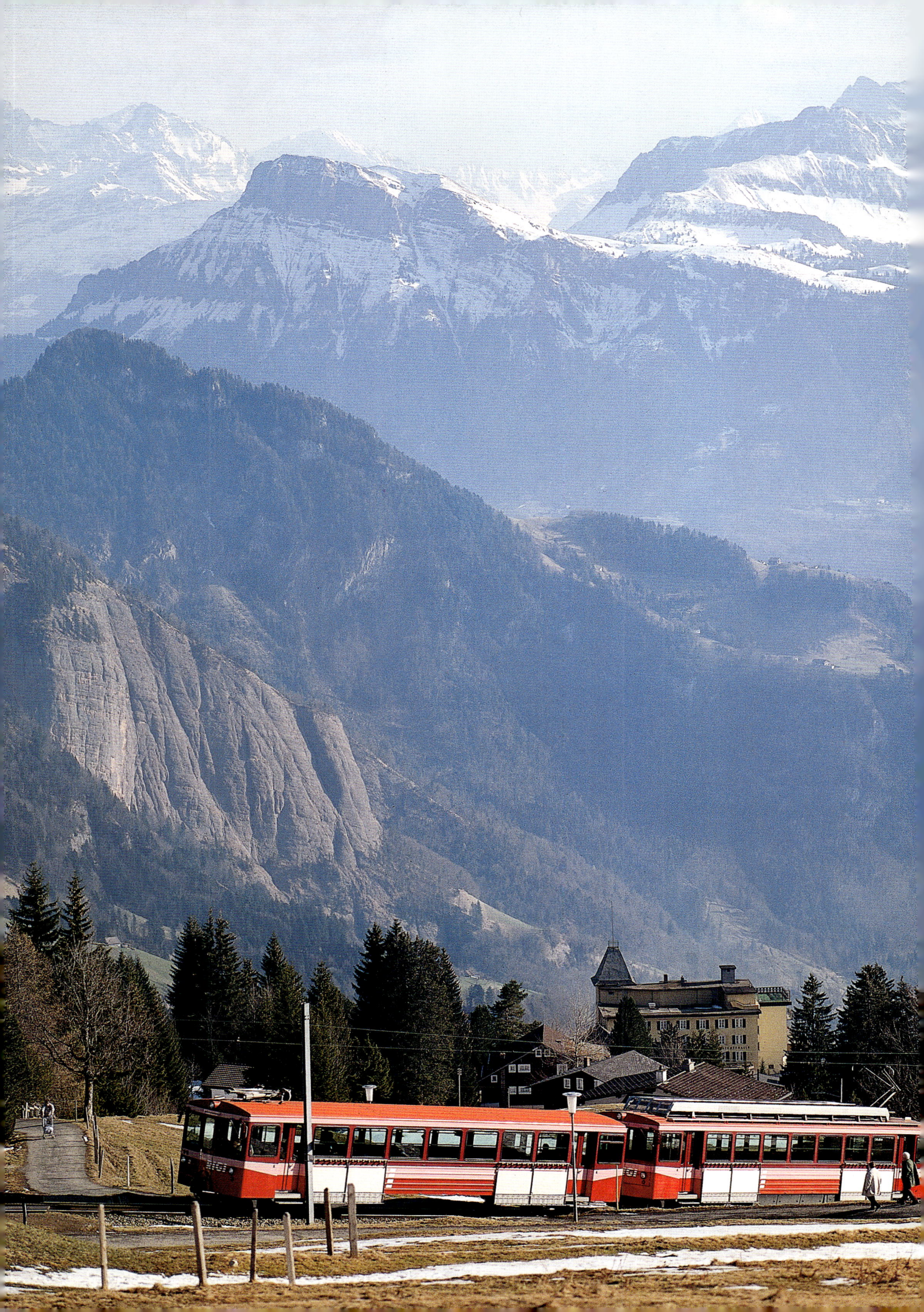

Willkommen auf dem Pilatus!

Auf der Achse von Luzern nach Interlaken erhebt sich als trutziger Vorbote des Gebirges der Pilatus mit seinen charakteristischen beiden Gipfeln. Im Mittelalter war es verboten, den sagenumwobenen Berg zu besteigen, weil dort oben viele Ungeheuer und Fabelwesen heimisch waren. In der neueren Zeit ist mit der Bahn-Erschliessung von zwei Seiten her diese Angst glücklicherweise abgeklungen. Angesichts der Vielfalt an Sagen und Geschichten um den Pilatus wurde einer der beschriebenen Drachen zum Symbol der Corporate-Identity, dem einheitlichen Erscheinungsbild, der Pilatus-Bahnen erklärt.

In Luzern beginnt die "Goldene Rundfahrt" mit der SBB-Brünigbahn oder dem Schiff bis nach Alpnachstad. Von dort fährt die steilste Zahnradbahn der Welt seit über hundert Jahren auf den Pilatus. Nach dem Besuch der Gipfel und dem Geniessen der Aussicht weit ins Mittelland oder in die schneebedeckten Hochgebirgsketten im Süden schwebt man mit der Luftseilbahn nach Fräkmüntegg hinunter, steigt in die neuen Rundsicht-Gondeln und geniesst auf der Fahrt nach Kriens die Aussicht auf die Stadt Luzern. Von Kriens bringen die Städtischen Verkehrsbetriebe die Gäste wieder zurück zum Ausgangspunkt.

Wir freuen uns, Sie bald bei den Pilatus-Bahnen begrüssen zu können!

**Hansruedi Amstalden
Vizedirektor Pilatus-Bahnen**

Die Rigi erwartet Sie!

Die Rigi ist eines der zentralen Themen im Schweizer Tourismus. Sie geniesst als nationales und internationales Ausflugsziel ein beachtliches Ansehen.

Ebenso leistet die faszinierende Erschliessung durch die Rigi-Bahnen einen bedeutenden Beitrag zur Anziehungskraft dieses Berges.
– seit 1871: Zahnradbahn Vitznau – Rigi Kulm
– seit 1875: Zahnradbahn Arth-Goldau – Rigi Kulm
– seit 1968: Luftseilbahn Weggis – Rigi Kaltbad
Da auf die Rigi keine Strassen führen, haben die Rigi-Bahnen ausser dem hauptsächlichen Transport von Touristen auch die Aufgabe des öffentlichen Verkehrs zu erfüllen.

Als ganzjähriges Erholungsgebiet mit vielfältigen Möglichkeiten und einer besonderen Ausstrahlung vereint die Rigi ein umfangreiches Spektrum von Zusammenhängen, die ihr den Namen "Königin der Berge" eingebracht haben.

Verehrte Leserinnen und Leser, ich möchte Ihnen einen Aufenthalt auf der Rigi wärmstens empfehlen. Erfreuen Sie sich an den Vorzügen der Rigi, wie z.B. an der prächtigen Bergwelt, der Ruhe, der wunderschönen Aussicht, den verschiedenartigen Hotelbetrieben und nicht zuletzt an unseren eindrucksvollen Bahnen.

Kandid Hofstetter
Direktor der Rigi-Bahnen

Bild 4 (grosses Bild): Vom Aussichtspunkt Rigi Känzeli präsentiert sich in südlicher Blickrichtung der Vierwaldstättersee mit einigen Gipfeln der Zentralschweizer Alpen (rechts Buochserhorn, Mitte Titlis, links Spannort). **Abb.: J. Müller**

Bild 5: Das berühmte Bergpanorama Süden – Osten – Norden. Ausschnitt aus einem kolorierten Bahnprospekt um 1920. **Abb.: RB**

Bild 1 (Titel): Die ältere der beiden Rigi-Zahnradbahnen beginnt ihren Aufstieg im Ferienort Vitznau. Im Hintergrund Vierwaldstättersee und Bürgenstock. **Abb.: Th. Küstner**

Bild 2 (grosses Bild): Blick von der Gipfelstation Rigi Kulm in Richtung Staffel. Über dem Vierwaldstättersee erhebt sich der majestätische Pilatus. **Abb.: J. Müller**

Bild 3: Nach einem warmen Februartag geht die Sonne hinter dem Pilatus unter. Der See und die Stadt Luzern liegen unter einer dichten Nebeldecke. Aufnahme von Rigi Staffel. **Abb.: B. Hitz**

Inhalt

	Seite		Seite
Grussworte	6	Winterbetrieb bei den Rigi-Bahnen	5
Vorwort	8	Die Rigi Kaltbad-Scheidegg-Bahn (RSB)	5
Bau der Vitznau-Rigi-Bahn (VRB)	12	Die Geschichte des Zahnradantriebs	5
Mit Dampf Vitznau – Rigi Kulm	16	Bau der Pilatusbahn (PB)	6
Reisebericht Vitznau – Rigi Kulm	20	Bahntechnik der Pilatusbahn	6
Luftseilbahn Weggis – Rigi Kaltbad	26	Reisebericht Alpnachstad – Pilatus Kulm	6
Das Rigi-Bahnjubiläum 1996	30	Seilbahnen zum Pilatus	7
Bau der Arth-Rigi-Bahn (ARB)	32	Die Fahrzeuge Rigi und Pilatus	7
Mit Dampf Arth – Rigi Kulm	34	Aufarbeitung der Rigi-Stehkessellok	7
Elektrischer Betrieb der ARB	38	Rigi-Bahnaktivitäten 1997	7
Reisebericht Rigi Kulm – Goldau	42	Tips zur Reisevorbereitung	7

Specials und Sonderausgaben des Journals

RhB
FO
BVZ
GGB
SBB
MOB
SOB

Nr.	Titel	Ausgabe	Umfang	Preis
54703	Rigi- und Pilatusbahnen	(Special 3/97)	84 Seiten, 145 Abbildungen	DM 22,80
53604	150 Jahre Eisenbahnen in der Schweiz	(Sonderausgabe IV/96)	108 Seiten, 179 Abbildungen	DM 22,80
54506	Die Rhätische Bahn, Teil 1	(Special 6/95)	118 Seiten, 194 Abbildungen	DM 24,80
54604	Die Rhätische Bahn, Teil 2	(Special 4/96)	102 Seiten, 173 Abbildungen	DM 19,80
	Die Rhätische Bahn, Teil 3	erscheint 1998		
54601	Die Brünigbahn	(Special 1/96)	86 Seiten, 121 Abbildungen	DM 19,80
54502	Die Gotthardbahn	(Special 2/95)	116 Seiten, 187 Abbildungen	DM 24,80
54405	Der Glacier-Express	(Special 5/94)	126 Seiten, 182 Abbildungen	DM 19,80
54306	Montreux-Berner Oberland-Bahn	(Special 6/93)	68 Seiten, 138 Abbildungen	DM 16,80
54209	Die Furka-Oberalp-Bahn, Teil 1	(Special 9/92)	118 Seiten, 200 Abbildungen	DM 19,80
54206	Die Schweizerische Südostbahn	(Special 6/92)	68 Seiten, 109 Abbildungen	DM 16,80
54102	Eisenbahnen zum Matterhorn •	(Special 2/91)	60 Seiten, 86 Abbildungen	DM 8,50

• Auslauf-Sonderpreis

Vergriffen sind zur Zeit die Specials Schweizer Jurabahnen (6/94),
Die Furka-Oberalp-Bahn, Teil 2 (4/94), und Bahnen der Jungfrau-Region (7/93).

Die Rigi, eines der zentralen Themen im Schweizer Tourismus, geniesst als nationales und internationales Ausflugsziel ein beachtliches Ansehen. Da auf die Rigi keine Strassen führen, haben die Rigi-Bahnen ausser dem hauptsächlichen Transport von Touristen auch die Aufgabe des öffentlichen Verkehrs zu erfüllen.
Auf der Achse von Luzern nach Interlaken erhebt sich dagegen als trutziger Vorbote des Gebirges der Pilatus mit seinen charakteristischen beiden Gipfeln. In Luzern beginnt die "Goldene Rundfahrt" mit der SBB-Brünigbahn oder dem Schiff bis nach Alpnachstad. Von dort fährt die steilste Zahnradbahn der Welt seit über hundert Jahren auf den Pilatus. Man schwebt mit der Luftseilbahn nach Fräkmüntegg hinunter und steigt in die neuen Rundsicht-Gondeln. Von Kriens bringen die Städtischen Verkehrsbetriebe die Gäste wieder zurück zum Ausgangspunkt.

Bestellungen nehmen wir gerne unter der Telefonnummer 0 81 41/51 20 48 oder 51 20 49 entgegen. Schriftlich erreichen Sie uns jederzeit per Telefaxnummer 0 81 41/4 46 89.

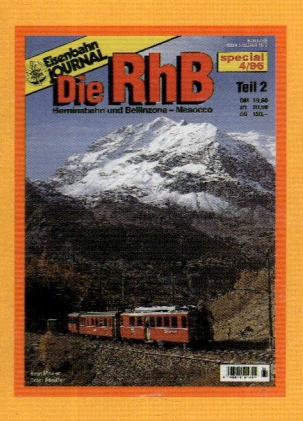

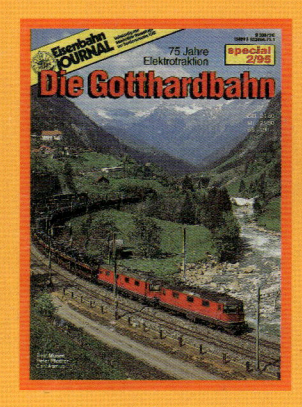

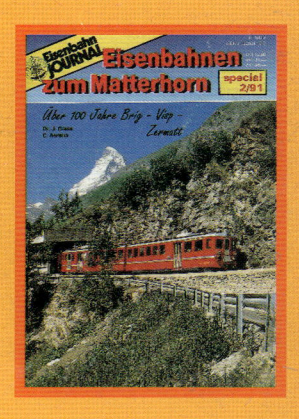

Impressum

ISBN 3-89610-017-3
Verlag und Redaktion: Hermann Merker Verlag GmbH
Postfach 1453 • D-82244 Fürstenfeldbruck
Am Fohlenhof 9a • D-82256 Fürstenfeldbruck
Telefon (0 81 41) 51 20 48 oder 51 20 49
Telefax (0 81 41) 4 46 89

Herausgeber:	Hermann Merker
Autoren:	Thomas Küstner, Beat Moser
Bildredaktion:	Ingo Neidhardt, Andreas Ritz
Layout:	Gerhard Gerstberger
Lektorat:	Manfred Grauer, Karin Schweiger
Satz Merker Verlag:	Regina Doll, Evelyn Freimann
Koordination:	Ingo Neidhardt
Anzeigenleitung:	Elke Albrecht

Druck: Printed in Italy by Europlanning srl, via Chioda 123/A, I-37136 Verona
Vertrieb: Hermann Merker Verlag GmbH
Vertrieb Einzelverkauf: MZV Moderner Zeitschriften Vertrieb GmbH & Co KG, D-85386 Eching bei München

Alle Rechte vorbehalten. Übersetzung, Nachdruck und jede Art der Vervielfältigung setzen das schriftliche Einverständnis des Verlags voraus. Unaufgefordert eingesandte Beiträge können nur zurückgeschickt werden, wenn Rückporto beiliegt. Für unbeschriftete Fotos und Dias kann keine Haftung übernommen werden. Durch die Einsendung von Fotografien und Zeichnungen erklärt sich der Absender mit der Veröffentlichung einverstanden und stellt den Verlag von Ansprüchen Dritter frei. Beantwortung von Anfragen nur, wenn Rückporto beiliegt. Es gilt Anzeigenpreisliste Nr. 11 vom 1. Januar 1990. Eine Anzeigenablehnung behalten wir uns vor. Gerichtsstand ist Fürstenfeldbruck.

© Juli 1997
Hermann Merker Verlag GmbH, Fürstenfeldbruck